PARIS
IMPRIMERIE DE L. TINTERLIN ET Ce
rue Neuve-des-Bons-Enfants, 3

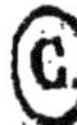

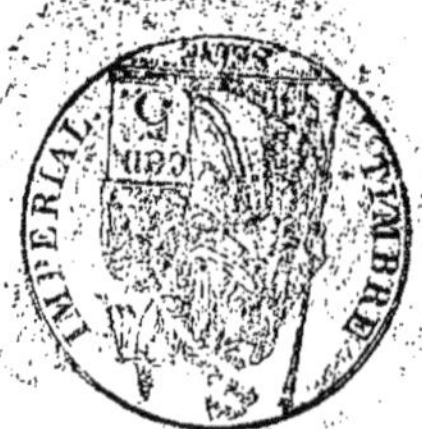

ÉCOLE IMPÉRIALE

DES BEAUX-ARTS

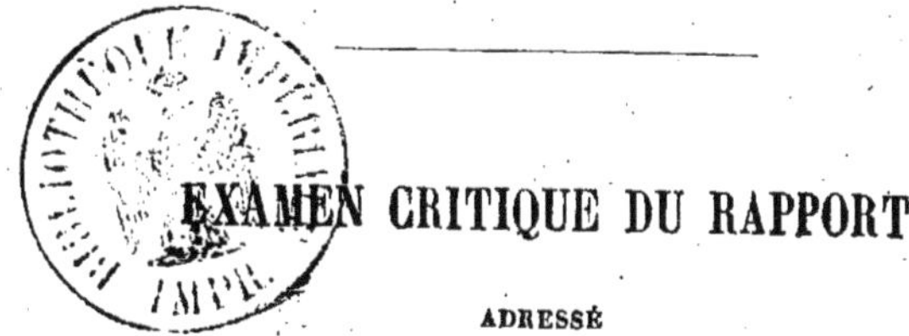

EXAMEN CRITIQUE DU RAPPORT

ADRESSÉ

A S. EXC. LE MARÉCHAL DE FRANCE

MINISTRE DE LA MAISON DE L'EMPEREUR ET DES BEAUX-ARTS

Par M. le comte de Nieuwerkerke, surintendant des Beaux-Arts

(Socrate, fils d'une sage-femme, se
comparait à un accoucheur.
(Ext. du Rapport.)

PARIS
E. DENTU, LIBRAIRE-EDITEUR
PALAIS-ROYAL, 17 ET 19, GALERIE D'ORLÉANS

1864

ÉCOLE IMPÉRIALE

DES BEAUX-ARTS

Par un décret impérial du 13 novembre 1863, l'École impériale des Beaux-Arts vient de recevoir une organisation nouvelle.

C'est dans un rapport de M. le surintendant des Beaux-Arts qu'il faut chercher les motifs de cette mesure.

C'est ce rapport que nous voulons examiner (1).

Avant tout, on remarque avec étonnement que le rapport n'est que l'œuvre personnelle de M. le surintendant ; que, ni lui ni M. le ministre de la maison de l'Empereur et des Beaux-Arts qui l'a approuvé, n'ont pris le soin ordinaire en pareil cas, et plus que jamais indispensable dans une matière aussi importante que celle de l'éducation de nos jeunes artistes, de réunir une commission composée des hommes les plus recommandables par leur expérience, pour s'éclairer de leurs avis.

L'Académie des Beaux-Arts semblait naturellement désignée dans une semblable circonstance. Outre les avantages qu'on aurait tiré de ses lumières, cette déférence eût été de bon goût vis-à-vis d'une compagnie qu'on dépossède de ses attributions les plus glorieuses, et un juste hommage rendu aux services désintéressés des artistes illustres dont elle est composée. Ce manque de convenance tout au moins a dû blesser profondé-

(1) Nous croyons, dans notre impartialité, devoir donner l'ordonnance royale du 4 août 1819, avec le règlement y annoncé et le rapport de M. le surintendant des Beaux-Arts tel qu'il a été inséré au *Moniteur*. Le lecteur pourra consulter ces deux documents qu'il trouvera à la suite de notre travail et en tirer d'utiles rapprochements. Le premier est assez difficile à se procurer, car il n'a été inséré ni au *Moniteur*, ni au *Bulletin des Lois*.

ment l'Académie, venant surtout d'un collègue ; car M. le surintendant des Beaux-Arts est membre libre de cette Académie.

Nous ne voulons pas nous arrêter plus longtemps sur ce point ; mais nous devons faire observer néanmoins, *que dans un rapport qui touche à tout ce qui concerne les Beaux-Arts, le nom de l'Académie n'est pas une seule fois prononcé.*

On va voir, du reste, que, dans le but poursuivi par M. le surintendant, toute immixtion étrangère était un danger et toute intervention un obstacle.

Ce but, le voici tel qu'il ressort manifestement de la simple énumération de ses attributions. On sait que la surintendance des Beaux-Arts, création de fraîche date, réunit les attributions possédées déjà par M. de Nieuwerkerke, comme directeur-général des Musées impériaux, à celles de la direction générale des Beaux-Arts qui dépendait du ministère d'État. En voici la nomenclature ; nous copions l'almanach impérial :

« Direction des Beaux-Arts :

École des Beaux-Arts à Paris ; Ecole de Rome et d'Athènes ; Ecoles de dessin à Paris et dans les départements ; Musée de l'hôtel de Cluny et des Thermes ; acquisition et conservation de marbres ; érections de monuments, statues, etc. ; publications d'ouvrages d'art et souscriptions ; commandes de tableaux, statues, médailles ; encouragements aux Beaux-Arts et indemnités aux artistes ; inspection des Beaux-Arts.

« Direction générale des Musées impériaux :

Conservation de tous les objets d'art placés dans les palais du Louvre, du Luxembourg, de Versailles et dans les anciennes résidences royales ; la direction supérieure des Musées de province ; les expositions annuelles des artistes vivants ; la distribution des médailles et récompenses décernées à la suite du Salon. »

Ces attributions, toutes considérables qu'elles fussent, ne semblaient sans doute pas à M. le surintendant assez étendues et assez complètes. L'École des Beaux-Arts, quoique placée sous sa haute surveillance, s'administrait elle-même. La direction en avait été remise, par l'ordonnance royale du 4 août 1819, aux mains de ses professeurs. Tous étaient membres de l'Académie des Beaux-Arts, se recrutaient eux-mêmes dans le sein de cette compagnie, et pouvaient, dans l'administration de l'École, agir et se mouvoir avec une certaine indépendance. Cette indépendance, M. le surintendant résolut de la briser; une nouvelle organisation fut adoptée qui, ne laissant rien subsister de l'ancienne, le faisait en réalité le chef supérieur et omnipotent de l'École. Pouvait-il donc, comme nous le disions plus haut, demander les avis et les conseils des hommes qu'il traitait avec un tel dédain, et dont il affectait, dans l'éblouissement de sa puissance, de faire si peu de cas ?

Puissance d'autant plus grande, mais en même temps d'autant plus dangereuse, qu'elle est irresponsable; car, aux yeux de Sa Majesté d'un côté et du public de l'autre, elle est couverte par l'autorité de M. le Ministre de la maison de l'Empereur et des Beaux-Arts. Cette autorité, théoriquement et politiquement supérieure, n'en laisse pas moins en fait à M. le surintendant, le pouvoir le plus entier et le plus absolu. Qui ne sait, en effet, pour peu qu'on soit initié à la marche des affaires et à l'état des choses administratives, de quelle indépendance jouissent dans leur sphère d'action, les chefs des grands services publics?

M. le surintendant a donc vu ses prétentions couronnées par le succès. L'administration de l'École des Beaux-Arts offrait un dernier vestige de liberté; en tombant sous ses coups, elle lui a permis d'atteindre enfin son but suprême : *la dictature des Beaux-Arts.*

D'une main, M. le surintendant ouvre les portes de l'École aux élèves qui vont recevoir de professeurs choisis par lui, les leçons dont il aura tracé lui-même le programme; de l'autre, il puise à volonté dans les fonds mis à sa disposition par l'État, et les prodigue à tel artiste ou les refuse à tel autre; les travaux, il les distribue; les récompenses, il les décerne; c'est le dispensateur de tous biens. Un mot parti d'en haut peut sans doute réduire l'homme au néant et l'exiler loin de ce palais où il trônait naguère; mais jusque-là, artistes qui demandez un bloc de marbre pour y tailler le héros de vos pensées, un pan de muraille pour le revêtir des créations brillantes de votre imagination, inclinez-vous; il ne vous reste qu'à présenter humblement votre requête.

Nous avons prononcé le mot de dictature, ajoutons : sans contrôle. Il y a, il est vrai, pour l'École des Beaux-Arts un conseil supérieur ; mais il est nommé par le ministre, M. le surintendant en est le président de droit, et il ne donne, quand on les lui demande, que des avis purement consultatifs.

Les prix de Rome seront décernés, dit-on, *par un jury indépendant, car il sera tiré au sort :* mais ce tirage aura lieu sur une liste arrêtée en fait par M. le surintendant des Beaux-Arts ; puisque, si c'est le ministre qui la signe, c'est lui qui, avec le concours du Conseil supérieur, la forme et la présente.

Quant aux travaux à distribuer, nul n'ignore que M. le surintendant jouit à cet égard de la liberté la plus étendue. Sous le précédent ministère, on nomma une commission qui devait former une liste des artistes seuls susceptibles d'avoir part aux travaux commandés par le gouvernement; mais outre que nous ne savons pas bien jusqu'à quel point un ministre engage son successeur en semblable matière, il ne faut pas oublier que M. le comte Walewski s'était réservé la distribution des travaux les plus considérables.

Nous avons voulu signaler tout d'abord une des conséquences immédiates du décret impérial, conséquence qui n'avait probablement pas été prévue, et qui peut avoir sur les allures et la spontanéité de nos artistes, les plus graves influences.

Au temps de Louis XIV, Lebrun obtint aussi la surintendance des Beaux-Arts. On sait assez quelles en furent les suites ; et le souvenir que l'on en a gardé, nuit encore aujourd'hui à la renommée de l'artiste. Plus près de nous, quelles clameurs, quelles invectives ne se sont pas élevées contre l'illustre David, sur la simple accusation d'avoir eu le même projet ; et cependant, il n'occupa jamais de fonctions publiques, et son autorité toute morale ne pouvait être que le résultat de ses doctrines et de son génie.

[illegible] ressortir à cette occasion, entre cet acte inattendu et [illegible] hautement professés par le gouvernement, une [illegible] singulière.

[illegible] proclame, et on a mille fois raison, la liberté dans l'in[illegible] et la liberté dans le commerce, la liberté partout où elle n'est pas incompatible avec la sécurité et la dignité de l'État, on [illegible] les entraves administratives, à substituer, [illegible] l'initiative de l'individu à celle du gouvernement. On [illegible] dans les arts de faire un pas immense, en proclamant la [illegible] des théâtres qui doit donner à notre littérature un nouvel élan et un nouvel essor ; et c'est à ce moment même que l'administration, qui possède déjà sur l'art et les artistes une influence dont l'usage est si difficile et si délicat, ne craint pas d'assumer la responsabilité de l'éducation de notre jeunesse, et de s'ériger en arbitre absolu de la destinée des Beaux-Arts.

Mais c'est assez d'avoir livré ces simples observations à l'appréciation publique ; passons sans plus de retard à l'examen du rapport de M. le surintendant, but plus spécial de nos critiques.

Nous n'avons pas à nous occuper ici de la question de légalité ; nous admettons que ce qu'une ordonnance royale a fait, un décret impérial puisse le défaire. Mais encore serait-il bien que ce que l'on crée, fût meilleur que ce qu'on détruit. Or, voici quelle a été jusqu'à ce jour, l'organisation de l'École ; nous verrons ensuite ce qu'elle va être. Nous suivons le rapport en l'abrégeant.

Aux termes du règlement constitutif annexé à l'ordonnance royale du 4 août 1819, l'administration de l'École impériale des Beaux-Arts est confiée aux professeurs qui se réunissent en assemblée générale.

Tous les ans, les professeurs élisent entre eux un vice-président qui passe de droit à la présidence l'année suivante. Le président, le vice-président et le président sorti de fonction, assistés du secrétaire perpétuel et d'un des professeurs de la section d'architecture, composent le Conseil d'administration, qui est chargé de faire exécuter toutes les décisions prises dans les assemblées générales, de maintenir les règlements et de correspondre, par l'intermédiaire du président et du secrétaire perpétuel, avec le Ministre et le public.

Quand une vacance se produit dans le personnel des professeurs, ce sont les professeurs qui nomment directement à cet emploi. Le Ministre est informé de cette nomination, qui doit être sanctionnée par une décision spéciale du Souverain. Les professeurs sont également les seuls juges des modifications à introduire dans le régime de l'École, qu'il s'agisse de l'admission des élèves, de l'enseignement, des récompenses ou des concours. Tel est le tableau présenté par le rapport ; voyons rapidement quels reproches lui adresse M. le surintendant des Beaux-Arts, au point de vue administratif d'abord.

Il commence par trouver mauvais que les professeurs nomment eux-mêmes aux vacances qui se font parmi eux. Il reconnaît bien que le Souverain est maître de sanctionner ou non ces nominations ; mais il se plaint qu'il ne l'ait jamais fait. Sa mauvaise humeur redouble, lorsqu'il énumère les pouvoirs concédés aux professeurs de l'École : « *En un mot*, dit-il, *et par une* « *étrange interversion des rôles, l'administration exerce les* « *attributions ministérielles, et le Ministre, responsable vis-à-* « *vis de l'Empereur de la gestion de l'École, est dépourvu des* « *moyens de lui imprimer sa direction et de faire même pénétrer dans le conseil un seul représentant de ses idées.* »

Souhaitons avant tout à la nouvelle organisation de l'École une aussi longue existence qu'à sa devancière. C'est quelque chose que d'avoir, pendant plus de quarante ans, présidé à l'éducation de nos artistes, et les organisateurs de 1819 auraient quelque droit d'en être fiers. Comme M. le surintendant, ils n'avaient agi qu'après l'examen le plus réfléchi, le plus consciencieux, et une expérience de quarante années a sanctionné le fruit de leurs méditations. Il n'est pas probable non plus qu'avec les idées de ce temps, ils aient fait bon marché de la prérogative souveraine. Ils en avaient le respect tout au moins autant qu'aujourd'hui, et ils seraient fort étonnés de s'entendre accuser d'avoir, *par une étrange interversion des rôles*, fait des ministres de l'assemblée des professeurs. M. le surintendant, qui réclame en faveur des attributions ministérielles, ne s'est pas sans doute rendu bien compte de leur nature. C'est un décret impérial qui les établit ; mais elles peuvent être augmentées, diminuées, transportées, déléguées, etc., comme nous en avons [illegible] récemment l'exemple, par un autre décret du Souverain; [illegible] pour ne pas sortir de notre cercle, la direction des Beaux-[illegible] a été réunie à celle des Musées Impériaux, et toutes deux placées dans les attributions du Ministère de la maison de l'Empereur, sous l'unique direction de M. le surintendant, par un simple décret. Les organisateurs de 1819 n'ont donc fait que ce qui se pratique tous les jours.

Nous ajouterons à leur louange que, s'ils s'étaient démis en quelque sorte des pouvoirs qu'il leur appartenait d'exercer, c'est qu'ils avaient compris que, dans la question d'enseignement des arts, l'administration était incompétente; que, comme dans toutes les choses échappant par leur nature à des règles précises, son intervention, bonne aujourd'hui, pouvait être dangereuse demain, et qu'en somme, il y avait toute dignité pour elle et tout profit pour l'École, à la laisser se gouverner elle-même.

Avaient-ils donc renoncé pour cela à toute action sur la direction, sur l'administration de l'École? Non, sans doute, et M. le surintendant est obligé d'en convenir lui-même. Le choix des professeurs était soumis à la sanction souveraine, et parce que cette prérogative ne s'est jamais exercée par un refus, elle n'en existait pas moins. On est enclin à en conclure, au contraire, que les professeurs ont usé sagement de leurs droits, et qu'ils se sont toujours recrutés parmi les plus dignes. De plus, le Ministre était en correspondance avec le président et le secrétaire perpétuel; de ce que cette correspondance n'avait ordinairement trait qu'à des autorisations ou liquidations de dépenses, il ne s'ensuit pas qu'elle ne pût embrasser d'autres objets. Ainsi, à l'occasion des mesures prises en assemblées générales et communiquées au Ministre, celui-ci avait le droit de blâmer ou d'approuver, d'appeler l'attention des professeurs sur telles ou telles améliorations à réaliser, telles ou telles mesures à prendre. Si aucun Ministre n'avait cru, jusqu'à présent, devoir entrer dans cette voie, c'eût été un honneur pour M. le surintendant que d'y marcher le premier; il pouvait et devait le tenter tout au moins comme artiste, comme académicien lui-même, et donner cette marque de déférence à ses collègues, sinon à ses anciens maîtres.

Du reste, il est bon que le public, pour juger en connaissance de cause, sache clairement quels ont été, quels sont encore ces professeurs, en butte aux reproches de M. le surintendant. Nous prenons au hasard deux années à vingt ans de distance ; je n'aurai besoin que de citer les noms :

1839

ÉCOLE DES BEAUX-ARTS

Section de Peinture et de Sculpture.

Professeurs : MM. Hersent, membre de l'Institut; — Ingres, id.; — Heim, id.; Blondel, id.; — Delaroche, id.; — Horace Vernet, id. — Drolling, id.; — [illegible], sculpteur, id.; — Cortot, id., id.; — David (d'Angers), id., id.; — Pradier, id., id.; — Ramey, id., id.

Section d'Architecture.

Professeurs : MM. Baltard, membre du Conseil des bâtiments civils; — Huyot, architecte de l'Académie des Beaux-Arts.

1859

ÉCOLE IMPÉRIALE DES BEAUX-ARTS

Section de Peinture et de Sculpture.

Professeurs : MM. Hersent, membre de l'Institut; Ingres, id.; — Heim, id.; — Horace Vernet, id.; — Cogniet, id.; — Robert-Fleury, id.; — Flandrin, id.; — Nanteuil, sculpteur, id.; — Petitot, id., id.; — Dumont, id., id.; — Duret, id., id.; — Lemaire, id. id.

Section d'Architecture.

Professeurs : MM. Lesueur, membre de l'Institut; — Lebas, id.

Ces noms sont ceux de nos artistes les plus illustres. Leurs succès les ont gravés dans toutes les mémoires ; c'est à eux que s'adressent les graves accusations de M. le surintendant. Le public jugera si elles sont justes et méritées.

Il nous semble inutile de suivre le rapport dans le rapprochement qu'il veut établir entre le Conservatoire de Musique et l'École des Beaux-Arts. L'un et l'autre de ces établissements ont leur organisation spéciale. Il y a dans leur raison d'être des différences qui expliquent facilement cette différence d'organisation ; la simple réflexion suffit pour s'en convaincre ; et de même que les motifs avoués de la réforme proposée nous paraissent fort peu sérieux, au point de vue administratif, de même on nous permettra de repousser comme sans valeur l'assimilation qu'on s'est efforcé d'établir.

Au surplus, le rapport semble attacher assez peu d'importance aux raisons administratives qu'il met en avant. Il s'appuie principalement, dans ses accusations contre l'enseignement de l'École, sur des considérations morales et des théories hasardées qu'il expose et développe avec une vivacité et parfois une hauteur de langage, qui s'expliquent naturellement par le fait d'une conviction sincère et énergique. Suivons-le dans ce débat, et tâchons d'y apporter plus de sang-froid, de calme et surtout d'impartialité.

« *Qu'il me soit permis*, dit le rapport en s'adressant au Ministre, *de vous faire remarquer que le mode actuel de nomination des professeurs présente des inconvénients d'autant plus graves, qu'il a pour résultat inévitable de perpétuer des doctrines et des théories plus ou moins absolues ; et cela dans un temps où le public n'ayant pas de système, point de parti pris, comprend tout et juge tout sans prévention, heureux quand il trouve un mérite quelconque dans les tentatives les plus audacieuses.* »

La phrase est sonore, mais les conclusions sont en désaccord avec les prémisses. On comprend les dangers « *des théories plus ou moins absolues* ». Nous avouons cependant qu'ils nous paraîtraient fort minimes dans un temps où le public « *sans système et sans parti pris, comprend tout et juge tout sans prévention* ». Quoi qu'il en soit, comme on ne s'explique guère comment des doctrines et des théories plus ou moins absolues ont pu amener le public à n'avoir plus ni système ni parti pris, il faut, de deux choses l'une, ou que ces doctrines et ces théories n'aient jamais existé, ou que, si elles existent, elles n'aient pas produit les funestes effets qu'on signale : et dans les deux cas, le reproche si sentencieusement formulé tombe complètement à faux. Un examen un peu approfondi va nous le prouver mieux encore.

Les professeurs, comme on a pu le remarquer, sont au nombre de douze (nous parlons seulement des professeurs de dessin, base de l'enseignement de l'École). Ils se remplacent de mois en mois dans les leçons. Si l'on veut bien se souvenir que tous sont des artistes éminents, des membres de l'Institut ; qu'il y a entre leurs doctrines, quoique faisant partie d'un même corps, la même diversité qu'entre leurs ouvrages ; que les élèves reçoivent chaque mois les leçons et les avis d'un nouveau professeur, et qu'enfin la mort, la maladie, de simples convenances sont aussi une cause de changements très-fréquents, on en conclura que ce mode d'enseignement offre en lui-même la plus grande somme de garanties possibles contre l'envahissement de ce qu'on se plaît à appeler *les doctrines et les théories plus ou moins absolues.*

Cela est encore plus vrai pour l'enseignement de l'architecture. Les élèves reçoivent principalement à l'École l'instruction scientifique ; ils y suivent des cours de mathématiques, de perspective et de construction. Leur éducation artistique se fait presque tout entière dans les nombreux ateliers dirigés par nos architectes les plus distingués. Des concours ont lieu à l'École dans toutes les branches de l'enseignement, et ce n'est que lorsque les élèves, par les médailles qu'ils y ont obtenues, sont arrivés à une instruction jugée suffisante, dans toutes les parties scientifiques et artistiques de leur art, qu'ils sont admis à concourir pour le grand prix d'architecture. Il semble difficile de trouver un ensemble de mesures plus libérales et plus sages.

Le danger signalé n'existe donc pas. Mais de là à nier l'influence du maître sur l'élève, il y a loin. On est artiste précisément parce que l'on a une manière de voir, de sentir, de juger les choses, originale et indépendante. Comment admettre dès lors que le maître se dépouille en quelque sorte de son originalité, en présence de son élève ? Il lui apprendra malgré lui à voir, à sentir, à juger comme il voit, sent et juge lui-même. Quelques précautions que l'on prenne, quelque système que l'on suive, le même inconvénient, si c'en est un, sera toujours à craindre. Ajoutons qu'il serait inévitable, si l'élève subissait influence d'un seul professeur, et que le mode d'enseignement adopté par l'École est, en conséquence, de beaucoup préférable à celui que préconise et qu'établit le rapport, et dont nous allons faire ressortir tout à l'heure l'évidente infériorité.

Après avoir répondu avec succès, nous le croyons du moins, à l'assertion la plus grave du rapport, car elle touche de plus près à l'existence et à l'avenir de l'art, hâtons-nous de faire cesser l'étonnement de M. le surintendant et de lui expliquer pourquoi on n'enseigne pas la peinture à l'École. A voir cet étonnement, on se douterait presque que le rapport est l'ouvrage d'un sculpteur ou d'un architecte.

On n'enseigne pas la peinture à l'École, tout simplement parce qu'on n'enseigne pas la couleur. On naît avec l'instinct, avec le sentiment de la couleur ; on n'a pas encore de règles bien précises pour faire un coloriste. M. le surintendant sera peut-être assez heureux pour trouver ce phénix des professeurs ; il serait en droit de se plaindre, s'il ne le rencontrait pas au milieu de tous ces théoriciens au plumage varié qui, du haut de leur chaire libre, doivent jeter sur l'enseignement de l'École un éclat incomparable. Jusqu'à présent, nous n'avions que des professeurs de dessin (car on dit avec raison la science du dessin), c'est à M. le surintendant que nous devrons l'inestimable avantage de connaître des professeurs de peinture. Nous lui demanderons seulement pourquoi la nouvelle chaire ne figure pas parmi celles qu'il vient de créer. C'est un oubli sans doute. Les professeurs-chefs d'ateliers seraient réellement bien embarrassés s'il leur fallait démontrer des choses qu'ils savent si peu (nous voulons parler « *des procédés dont se sont servis les maîtres* »), par l'excellente raison que l'on n'a à ce sujet que des doutes et des incertitudes. Ce ne sera pas trop d'un professeur spécial pour les exposer, mais non certes pour les résoudre.

Si la création d'ateliers dans l'intérieur de l'école n'avait pour base que l'excessive sollicitude affectée par le rapport « *pour les artistes en réputation qui s'occupent de former des élèves,* » il nous serait trop aisé de le rassurer à cet égard. Ce n'est ni *la cherté des loyers*, ni *le manque d'emplacement* qui les en empêche. Il peut être persuadé que si certains artistes qu'il connaît aussi bien que nous, consentaient à ouvrir un atelier, ils trouveraient un local convenable et assez d'élèves pour le remplir. Le rapport eût mieux fait de dire que l'atelier dans l'intérieur de l'école, était tout simplement un *avantage en nature*, fort appréciable, et qui sera fort apprécié sans doute, fait aux professeurs que le Ministre doit, sur la proposition de M. le surintendant, nommer et indemniser.

On peut voir déjà que le rapport n'est pas très-heureux dans ses allégations. Il est bon encore de relever une phrase malencontreuse qui termine et couronne le résumé de toutes les soit-disant lacunes qu'il propose de combler. La voici tout entière :

« *En comblant de pareilles lacunes qui existent dans l'enseignement, en perfectionnant ainsi l'éducation des artistes, on assurerait à notre industrie une supériorité qui commence à lui être contestée.* »

En présence d'une pareille conclusion dans un rapport qui affirme la décadence de l'art, et qui affiche avec une telle assurance la prétention de le relever à toute sa hauteur par un enseignement rajeuni, on reste frappé de stupeur. Hé quoi! Ce serait donc pour assurer à notre industrie une supériorité contestée, qu'on créerait avec tant de bruit et d'éclat des chaires d'esthétique, d'histoire de l'art, d'archéologie, etc., etc.; qu'on établirait à grands frais des ateliers de peinture, d'architecture, de sculpture et de gravure; ce serait pour procurer de nouveaux modèles à ce qu'on appelle *l'art marchand*, que l'on donnerait à nos jeunes artistes une éducation dont le couronnement est à Rome; dans cette École à laquelle, quoi qu'on en dise, les maîtres qui ont le plus illustré l'art français ont été heureux d'appartenir, et où ils ont appris, en contemplant les ouvrages fameux de leurs immortels devanciers, à marcher sur leurs traces!

N'insistons par sur ces paroles attristantes : qu'elles nous soient seulement une preuve de plus de l'irréflexion et de la légèreté qui ont présidé à la rédaction du rapport.

Il faut dire la même chose des singulières idées qu'on émet sur une partie entièrement nouvelle, nous l'avouons, de l'instruction à donner à nos jeunes artistes. Nous voulons parler de « *ces quelques conférences suffisantes* (on voit bien que M. le surintendant ne connaît pas la rage de parler qui caractérise les savants ou soit-disant tels) *pour expliquer les notions ou théories nouvelles, faites par tout homme qui, ayant étudié sérieusement les Beaux-Arts, a quelques idées qui lui sont propres et qu'il serait utile de répandre. Par exemple, un érudit s'est occupé de recherches sur les costumes des anciens; — un chimiste a trouvé des couleurs nouvelles; — un critique s'est fait une théorie du beau...* »

J'en passe et des meilleurs.

En vérité le rapport n'y songe pas. Que veut-il donc que devienne l'esprit d'un enfant de quinze ans, ou même celui d'un jeune homme plus âgé, à qui l'on aura prêché tour à tour l'imitation servile de la nature et la recherche d'un type idéal? Au milieu d'une pareille confusion d'idées, conserver son originalité personnelle lui sera difficile; nous serions plutôt étonné qu'il ne la perdît pas tout à fait. Ces cours peuvent être un passe-temps très-agréable pour des amateurs : Il leur convient, en effet, d'écrire et de parler sur l'art et sur les arts; de faire l'histoire de la peinture; d'être forts et même très-forts en archéologie; d'aborder et de traiter les questions d'esthétique sur lesquelles jusqu'à présent on ne s'est guère entendu. Ce n'est pas là la mission des artistes. On ne connaît pas, mais peut-être M. le surintendant est-il plus savant que nous, de discussion d'esthétique, de théorie de l'art de Raphaël, de Michel-Ange ou du Titien; en revanche, on possède l'histoire des peintres de Vasari. Les Carrache ont eu, il est vrai, une théorie en peinture; mais elle a nui beaucoup, dit-on, à l'essor de leur talent.

Il faut donc supplier M. le surintendant de se montrer fort sobre d'autorisations de cette nature, et lui rappeler qu'il a affaire à de jeunes esprits encore peu développés, peu capables en général d'une force de réflexion qui s'allie rarement avec le feu de la jeunesse, très-faciles conséquemment à se laisser prendre à des idées creuses cachées sous des phrases sonores; et que, puisqu'il signale la nécessité de les arracher à l'influence pernicieuse, selon lui, des artistes distingués qui, jusqu'ici, ont été leurs maîtres, il ne faut pas qu'il les livre à une influence plus détestable encore, celle des gens qui, incapables de manier le crayon ou le pinceau, se posent en critiques et en juges des hommes qui ont consacré à l'art le travail et les études de toute leur vie. Qu'il s'en rapporte, du reste, à cet égard, au sentiment des artistes ; qu'il se rappelle le temps où il recevait dans son atelier la visite des amateurs empressés de lui prodiguer leurs conseils. Que de paroles inutiles, que de belles théories, que d'erreurs, pour ne pas dire que de sottises, n'a-t-il pas entendues ! Laissé enfin à lui-même, en présence de la nature, il reprenait son travail, heureux d'oublier au plus vite ces vanités présomptueuses, à peine dignes de son dédain.

Le rapport nous fait marcher de surprise en surprise. Celle qu'on éprouve en lisant ce qui a trait aux concours et à leurs déplorables conséquences, n'est certes pas la moins grande. Voici ce passage : « *Cette originalité personnelle, qualité si essentielle aux artistes, que l'enseignement tend si peu à développer aujourd'hui, est encore entravée, de la manière la plus regrettable, par le système des concours en usage dans notre école, et qui est devenu la principale affaire des élèves et des professeurs.* »

On avait, jusqu'à présent, regardé les concours comme l'institution la plus profitable et la plus utile aux élèves, la plus propre à exciter leur émulation, à stimuler leurs efforts. Placés en face de leurs rivaux, critiquant et critiqués tour à tour, l'enseignement qu'ils en tiraient était peut-être le meilleur qu'ils pussent recevoir, car c'était le résultat de leur propre examen et de leurs réflexions personnelles. Utiles aux élèves, ils ne l'étaient pas moins aux professeurs. Ceux-ci pouvaient reconnaître, en présence des essais de leurs élèves, les points de leur enseignement peu ou mal compris, et modifier leurs leçons en conséquence. C'était là assurément le critérium le plus sûr de leur degré de force ou de faiblesse.

En outre, le rapport, en accusant si durement le système de concours adopté dans l'École, commet une grave erreur et passe sous silence un fait très-essentiel. « *Un élève*, dit-il, *depuis son admission jusqu'à sa sortie, passe par une série d'épreuves suivies de récompenses graduées.* » Il semblerait donc que tous les élèves subissent ces épreuves et reçoivent ces récompenses. Or, rien n'est plus éloigné de la vérité.

L'École reçoit chaque année cent élèves peintres environ, autant de sculpteurs, et de cinquante à soixante élèves architectes. Une fois admis, et quelle que soit la date de leur réception, les élèves ont le droit de prendre part aux concours intérieurs de l'École. (Il ne s'agit pas ici du concours pour les grands prix, dont les conditions sont différentes.)

Or, pour ce nombre considérable d'élèves, combien décerne-t-on de médailles, et sur ce nombre considérable de concurrents, combien en ont obtenu? Prenons pour exemple le concours de la tête d'expression (élèves peintres). Cinquante jeunes gens environ y prennent part; et combien décerne-t-on de médailles? Une seule.

On voit donc qu'un élève « *avec de la mémoire et de la patience* », s'il n'avait que cela, devrait attendre longtemps son tour. On n'a jamais appliqué avec plus de justesse le proverbe : Beaucoup d'appelés, peu d'élus. Il en est de même pour la section de sculpture. Quant aux élèves architectes, les concours ont pour but de s'assurer du degré de leur instruction, principalement dans la partie scientifique de leur art. Il faut un certain nombre de points ou de médailles en mathématiques, en perspective, en construction, outre les concours artistiques, pour passer de la première classe à la seconde, et être admis à concourir pour le grand prix.

Cette « *sorte de filière* » dont parle le rapport n'est donc qu'un mot injuste et sans portée. Il est incontestable qu'un élève heureusement doué obtiendra successivement, et selon les progrès de son talent, les médailles qui n'ont pas d'autre but que de les constater. S'il reste le premier entre ses camarades, ce sera la juste récompense de ses efforts et la marque de ses dispositions plus heureuses; il serait injuste qu'il en fût autrement. Quant à ce qu'avance le rapport, que « *l'élève ne tarde pas à connaître le goût et les préférences de ses juges, et que, pour leur plaire et réussir, il sacrifiera son sentiment personnel pour prendre la manière qu'il sait approuvée et qui seule peut lui procurer le succès* », c'est là un inconvénient qui se représentera toujours et quelque système qu'on adopte. La critique en toute chose est facile, car toutes les créations de l'homme ont leur point défectueux, et par lequel elles peuvent être attaquées avec succès. Il s'agit seulement de faire le mieux possible; et l'ancien système des concours nous paraît infiniment supérieur au mode de récompenses que le rapport lui a substitué, et dont nous dirons quelques mots tout à l'heure.

Relevons, en passant, une assertion aussi étrange qu'injuste, pour ne pas dire plus, à l'adresse de l'Académie. « *Les juges*, dit-on, *sont équitables* (en vérité !), *mais ils partent d'un principe essentiellement faux : le prix est à celui qui a le moins de défauts, non pas à celui qui a les plus grandes qualités.* » Il nous semble que le rapport use bien largement et pour les besoins de sa cause, du droit de faire penser et agir ceux qu'il attaque. Que M. le surintendant veuille bien aller jeter un coup d'œil sur les tableaux des grands prix exposés dans les salles de l'École; il sera forcé de convenir à cette simple inspection, que l'Académie sait apprécier les qualités d'un bon ouvrage, quand elle a le bonheur d'en rencontrer, et que, dans ce cas, ce n'est pas celui « *qui a le moins de défauts* » qu'elle se plaît à couronner. On croirait, à entendre dire, que l'Académie n'a qu'une manière de voir unique et identique, et qu'elle juge et vote comme un seul homme. Cependant, et M. le surintendant n'est pas sans en savoir quelque chose, la proclamation des prix est bien souvent précédée des discussions les plus vives. Comment pourrait-il en être autrement du reste, parmi des hommes d'une vivacité d'impression très-grande, de manières de voir et de faire si diverses et de présomptions même, si l'on veut, excessives.

Les concours sont faibles, dit-on, « *la médiocrité honnête a les plus belles chances de succès.* » Nous sommes les premiers à le déplorer. Mais pourquoi attribuer aux professeurs et à leur enseignement une décadence que, malgré leur bonne volonté et leurs efforts, ils se sont trouvés impuissants à arrêter; décadence qui a des causes bien autrement graves que l'École même, et que l'organisation nouvelle, aussi parfaite qu'on la suppose, ne parviendrait pas plus que l'ancienne à conjurer.

Il faut rassurer en tout cas M. le surintendant : fier de ses succès, impatient de faire preuve d'indépendance, le jeune artiste à peine couronné, n'aura rien de plus pressé que de se manifester dans sa liberté et dans la pleine possession de lui-même. Nous nous sommes imposé la loi de ne citer aucun artiste vivant; mais David était l'élève de Vien ; son tableau de prix existe; il est exécuté dans le sentiment de son maître et de l'École, cela l'a-t-il empêché de débuter, dans sa liberté, par le tableau des Horaces ?

Nous croyons en avoir dit assez pour que le lecteur puisse juger du peu de fondement des accusations adressées par le rapport à l'ancienne organisation de l'École des Beaux-Arts. Elle a rendu d'immenses services, et sauf quelques modifications faciles à introduire et que nous croyons désirables, elle pouvait en rendre encore et de très-grands. Il y a de bons esprits qui préfèrent conserver les institutions établies depuis de longues années, et qui pensent que rien comme la durée, ne mérite et n'attire le respect ; mais M. le surintendant n'aime sans doute l'archéologie qu'appliquée aux ruines, et il a voulu avoir aussi la sienne. Voyons si son propre ouvrage repose sur des assises bien solides, et s'il offre à son tour des apparences légitimes d'une longue existence ?

Nous avons donné plus haut la nomenclature des pouvoirs exercés par M. le surintendant. Voici maintenant ceux qu'il a jugé bon de se réserver dans la nouvelle organisation de l'École.

Il est le président du conseil supérieur. Il nomme le directeur de l'École, tous les membres du conseil supérieur, tous les professeurs, tous les professeurs chefs d'atelier, tout le personnel administratif et jusqu'aux gens de service. Il donne l'autorisation de professer temporairement. Il fixe la condition d'admission des élèves à l'École et dans les ateliers, la durée maximum de leur séjour, l'époque et l'ouverture des cours, le nombre des leçons et tous les détails de l'enseignement. Il prend les mesures relatives aux études des pensionnaires, à leurs voyages, aux obligations qu'ils ont à remplir et au mode de jugement et d'appréciation de leurs travaux. Il reçoit enfin le rapport du directeur de l'École de Rome sur les travaux et le degré d'instruction de ces élèves.

Les attributions du Conseil supérieur sont les suivantes : il reçoit tous les trois mois communication des rapports faits par les professeurs chefs d'atelier sur les progrès des élèves, et signale au Ministre ceux qui lui paraissent mériter des récompenses ou des encouragements. Il règle le programme des épreuves préparatoires et des cours définitifs ; il dresse et présente la liste arrêtée définitivement par le Ministre des personnes parmi lesquelles le sort désignera les membres des divers jurys. Quant à ses avis, ils sont purement consultatifs, et il ne les donne que lorsqu'on les lui demande. Or, si l'on se rappelle que M. le surintendant des Beaux-Arts est le président-né de ce conseil, que son subordonné en est aussi, de droit, le vice-président, que tous les autres membres sont à sa nomination ; on peut s'imaginer quelle opposition et quelle résistance il y rencontrera, et si nous avons exagéré, en parlant d'une dictature et d'une dictature sans contrôle.

Mais au-dessus de M. le surintendant, objectera-t-on, il y a le Ministre. Soit. Alors, c'est le Ministre dont la dictature dirigera l'École. Cependant on peut supposer sans trop de présomption, que de même qu'il se décharge de la direction des théâtres sur M. le surintendant des théâtres impériaux, il se déchargera également sur M. le surintendant des Beaux-Arts de la direction de ce service. N'est-ce pas, en effet, sur le rapport de ce dernier seul et sans prendre aucun autre avis, que le Ministre a présenté les nouvelles mesures à l'approbation de l'Empereur ? Il ne ferait, du reste, qu'imiter ses autres collègues, qui s'en remettent complètement à des directeurs généraux, de certains services publics de la plus haute importance. Par exemple, les douanes, l'enregistrement et les domaines, les postes, l'imprimerie impériale, etc., etc.

Passons maintenant en revue les créations, fruits malheureux, hélas ! de l'omnipotence de M. le surintendant, qui se compare modestement à Socrate, fils d'une sage-femme, lequel se comparait lui-même à un accoucheur, si l'on en croit M. le surintendant.

Le nombre des cours est augmenté. Ils deviennent obligatoires.

Nous nous sommes expliqué plus haut sur leur convenance et leur utilité. Mais, en outre, il est bien difficile que les élèves aient le temps de les suivre tous. Pour devenir peintre, sculpteur ou architecte, il faut peindre, dessiner toujours et tous les jours ; et quand l'élève a employé à ce travail de la tête et de la main, six à sept heures de la journée, quelques moments de relâche lui sont indispensables. Les organisations artistiques demandent des ménagements moins nécessaires dans d'autres genres d'étude, et nous doutons fort que les cours qu'on veut obliger les élèves à suivre, leur offrent les délassements et les récréations dont ils ont besoin. En effet, l'anatomie, la perspective, les mathématiques, la géologie, la physique, la chimie, l'administration et la comptabilité, ne sont pas des choses précisément divertissantes et récréatives. Elles exigent même, quoique pour l'auteur du rapport, qui les possède toutes, elles n'aient été qu'un jeu, nous n'en doutons pas, une grande tension d'esprit et des efforts persévérants. On se demande comment cette observation a pu échapper à la sagacité de M. le Ministre, qui est en même temps un savant, et qui, à ce titre, aurait pu tempérer l'ardeur de M. le surintendant sur ce point.

Le règlement des études répondra sans doute victorieusement, nous l'espérons du moins, à nos observations. Passons donc, et arrivons au point capital de la réforme actuelle. Il s'agit de l'établissement d'ateliers dans l'intérieur de l'École.

Il y aura trois ateliers de peinture, trois de sculpture, trois d'architecture, un de gravure en taille-douce, un de gravure en médailles et pierres fines.

Chacun de ces ateliers sera dirigé par un professeur-chef d'atelier (le titre ne nous semble pas très-heureusement choisi), lequel sera rétribué, au moyen d'indemnités calculées à raison de 2,400 francs par an. Cette rédaction nous semble assez obscure. Signalons-en les périls aux fonctionnaires dont il s'agit. Ce sera à eux à en demander l'explication.

Avant de considérer cette réforme au point de vue des élèves, demandons-nous d'abord quels seront les professeurs.

Il est évident, et les faits sont là qui le prouvent, que le talent, la réputation du professeur, attirent le plus grand nombre des élèves, au point de les absorber presque tous, si ce professeur est un homme d'un mérite transcendant. Il est donc nécessaire, indispensable, que l'école réunisse les professeurs les plus habiles et les plus renommés pour alimenter les ateliers qu'elle fonde; autrement, les élèves ne se présenteraient pas et chercheraient en dehors d'elle et près d'artistes plus habiles, une instruction que l'école ne leur offrirait point. On aurait donc, dans ce cas, un enseignement officiel médiocre ou nul, peu ou point suivi et formant conséquemment, à son image, des élèves nuls ou médiocres; à côté d'un enseignement particulier, libre, supérieur, formant des élèves plus distingués, et démontrant d'une manière éclatante, l'infériorité de l'École et le vice de son organisation.

L'École doit donc, comme condition expresse de son existence, offrir à ses jeunes élèves l'enseignement le plus sûr, le plus solide et le plus brillant, donné par les capacités les plus considérables et les plus justement considérées.

Or, l'auteur du rapport compte-t-il, en offrant des indemnités calculées à raison de 2,400 fr. par an et le titre de professeur chef d'atelier, trouver onze artistes considérables et considérés, les premiers entre leurs pairs, et ayant, en outre, le bonheur de lui plaire, qui consentent à accepter cette position? Parmi ceux dont les noms se présentent les premiers à l'esprit et qui semblent naturellement désignés pour remplir ces importantes fonctions, qu'ils soient ou non de l'Académie (et M. le surintendant ne saurait se flatter d'avoir rien fait pour séduire ces derniers), quels sont ceux dont le temps, je ne parle que de celui consacré aux leçons de l'École, ne soit plus fructueusement employé, et ne représente une somme bien autrement considérable que les 2,400 fr. annuels si généreusement offerts, et qui égalent à peine les appointements d'un expéditionnaire, ou d'un de ces gens de service dont M. le surintendant s'est réservé également la nomination? Sera-ce le droit de faire suivre leurs noms du titre pompeux de professeur chef d'atelier qui les séduira, ou bien encore l'insigne honneur d'avoir été choisi par lui (1)?

Mais, répondra-t-on, les anciens professeurs se contentaient d'émoluments aussi faibles? Sans doute; mais les cours leur prenaient moins de temps (ils étaient douze), puis, quelle différence? Le professeur, au lieu d'être un fonctionnaire nommé par le Ministre, tout comme n'importe quel autre agent du service administratif, était choisi par ses pairs et au milieu d'eux. Les membres de sa compagnie lui conféraient

(1) Depuis que ceci a été écrit, les professeurs ont été trouvés et nommés. Nous n'avons rien à dire de plus.

l'honneur de diriger l'instruction de la jeunesse, d'entretenir chez elle le culte du vrai et du beau, d'exciter son émulation, d'encourager ses efforts, de la rendre enfin capable et digne de tenir à son tour, d'une main sûre et vigoureuse, ce drapeau de l'art, aussi glorieux que celui de nos soldats; car ils sont tous deux l'exemple et l'admiration du monde!

Il en est, en un mot, et sans sortir de notre sujet, de la nomination faite par un Ministre ou de l'élection faite par une compagnie tout entière, comme du grand prix de Rome. Pour l'élève couronné, le prix double de valeur, quand, à l'arrêt de ses juges, se joignent encore les acclamations de ses émules et de ses rivaux.

Admettons cependant que nous nous trompions, et que l'on trouve, sans peine même, onze artistes qui veuillent bien accepter le titre et les fonctions de chefs d'atelier, et voilà que, au point de vue des élèves, les accusations adressées à l'ancienne organisation sont retournées contre la nouvelle, et avec plus de raison et de succès.

La préoccupation dominante du rapport, c'est de soustraire l'éducation des jeunes artistes à *des influences décisives, capables de comprimer l'essor de leurs talents.* Il revient sans cesse sur cette idée. Une autre de ses affirmations, c'est que : « *Tout homme qui a fait une étude sérieuse de l'art, a quelques idées qui lui sont propres.* » Or, on se demande comment les trois professeurs de peinture, par exemple, ne tendront pas à inculquer dans l'esprit de leurs élèves les idées qui leur sont personnelles, qu'ils estiment forcément et de bonne foi comme les plus vraies et les plus justes? Comment, ils ne seront pas portés à regarder comme les meilleurs et à signaler aux encouragements du ministre, ceux d'entre eux qui se seront montrés les plus dociles à leurs leçons et à leurs exemples? Et voilà ces doctrines et ces théories, qu'on trouvait si dangereuses aux mains des membres de l'Académie, qu'il sera permis aux nouveaux professeurs de propager et de perpétuer, avec la plus grande loyauté de leur part, mais au plus grand dommage aussi des élèves. Le directeur, le surintendant, M. le Ministre, au besoin, ne sont-ils pas là, dira-t-on? Soit. Mais, si l'on admet la justesse de l'objection, tout ce qu'on y gagnera, ce sera de voir triompher à l'École les idées et les préférences de ces hauts fonctionnaires, en fait de peinture, de sculpture, d'architecture, voire même de gravure, car nos observations subsistent pour toutes les branches de l'art.

Nous avons dit plus haut, comment et pourquoi l'enseignement de la peinture, autrement dit de la couleur, était impossible, et par cela même inutile dans l'école. On persiste. Qu'en résultera-t-il ? C'est que le professeur apprendra à l'élève à peindre comme il peint lui-même, ou s'il le sait, ce dont il est fort permis de douter, « *de quels procédés se servaient les grands maîtres qu'on leur propose pour modèles,* » comme dit le rapport. Est-ce là le but que l'on veut atteindre ? Et cette manière de voir n'est-elle pas pleine de périls, dans lesquels heureusement un artiste qui réfléchit ne tombera jamais ? Faire comme les maîtres, prendre leurs procédés, imiter leurs manières, ce ne serait rien moins qu'introniser le pastiche à l'école.

L'étude des maîtres, il paraît qu'on ne saurait trop le répéter, n'est qu'un moyen d'agrandir la sphère de nos idées, d'élever nos esprits jusqu'à la hauteur de leur génie, de nous introduire dans le monde supérieur où planait à l'aise leur splendide imagination. A la vue des œuvres de Raphaël, Corrège s'écriait : et moi aussi je suis peintre : mais il ne l'imitait pas.

C'est ici le lieu de faire remarquer tout ce que l'ancien règlement avait de sage, en limitant au dessin seul l'enseignement de l'école, et en bornant le rôle du professeur à ce qu'il renfermait de réellement utile et praticable.

Le dessin, en effet, peut être jusqu'à certain point appelé une science. Comme tous les corps solides présentent les trois dimensions de largeur, longueur, hauteur ou épaisseur, il est possible d'en reproduire les formes par des inflexions de la ligne. Ces lignes, ces contours, leurs proportions et leurs rapports, c'est là ce que le professeur démontre à l'élève. En face du modèle, il lui en fait remarquer le caractère spécial, la force, la grâce ou la finesse. Il peut aussi lui en faire sentir et comprendre le mouvement, et lui signaler dans la reproduction qu'il en a faite, les fautes et les incorrections. Voilà, selon nous, le devoir du professeur. Ce devoir était admirablement compris par les anciens professeurs de l'école, et l'élève jouissait, en outre, d'un inappréciable avantage : M. Ingres ne corrigeait certes pas comme M. Paul Delaroche; M. Horace Vernet, comme M. Heim, M. Flandrin, comme M. Robert Fleury. L'élève écoutait donc les avis de ces célèbres artistes, il s'initiait à leur manière de voir, et de même que son goût se formait, épuré par leurs leçons, de même ses convictions s'affermissaient librement, éclairées par leurs préceptes.

Ces obligations et ces difficultés de l'enseignement, pourquoi les avoir encore aggravées par la mesure irréfléchie qui fixe l'âge de l'entrée à l'École, de quinze à vingt-cinq ans?—Nous ne relevons pas cette erreur d'une rédaction trop précipitée, qui permet d'entrer à l'école au moment même où l'élève doit en sortir et où le concours lui est fermé. — Comment établir un enseignement convenablement adapté à des intelligences d'un développement aussi disproportionné? A quinze ans, on s'adresse à des enfants, à vingt ans, on a affaire à des hommes. A quinze ans, les enfants sont encore au collége; est-ce donc que de l'école on veut faire un collége? C'est peut être là que M. le surintendant, partant d'un principe faux ou du moins sans principes arrêtés, en arrivera sans le vouloir.

Il serait aisé, si c'était le lieu d'entrer dans des détails, de montrer les difficultés inextricables que l'on se crée à plaisir (1), ou du moins faute de réflexion et de prudence. Ce sont là des faiblesses que trahit à chaque pas le rapport, et qui nous font regretter de nouveau qu'on ait cru pouvoir se passer des avis des hommes compétents en semblable matière. Et à ce propos, nous avouons avoir toujours été choqué de l'accouplement de ces deux mots : Administration des Beaux-Arts. On administre bien, en effet, le plus grand nombre des services publics ; les douanes, les postes, les contributions indirectes, etc., etc. ; là, tout est matériel, positif, sujet à examen, objet de mesures qui peuvent être plus ou moins habiles et sages; mais, pour ce qui regarde les Beaux-Arts, qu'est-ce qu'on peut administrer? Quand un travail a été décidé et qu'il a été confié à un artiste, tout n'est-il pas dit? Est-ce l'avis d'un bureaucrate qui décidera

(1) Voir la lettre de M. Léon Cognet dans *l'Opinion nationale* du 26 décembre 1863.

de la capacité plus ou moins grande d'un artiste? est-ce lui qu'on consulte? est-ce lui que l'on charge de juger de la beauté de l'œuvre? Sur tous ces points, c'est le goût, c'est l'opinion du public éclairé que l'administration est obligée de suivre; son devoir est de s'y conformer.

Abordons maintenant la question de la limite d'âge.

Les considérations sur lesquelles le rapport s'appuie pour changer un état de choses consacré par une expérience de deux siècles, c'est-à-dire depuis la fondation de l'École, sont spécieuses, mais elles ne résistent pas à l'examen.

« *Il n'y a jamais eu*, dit-il, *de grand artiste dont le talent ne se soit révélé de bonne heure. On en chercherait vainement un dont la réputation n'ait été assurée avant l'âge de trente ans.* »

Nous pourrions discuter ces deux affirmations si positives. Même parmi les plus grands noms des arts, il y a eu des vocations tardives, et si l'on doit juger de la réputation par les conséquences qu'elle produit, on peut affirmer, contrairement au rapport, que le plus grand nombre des maîtres n'a joui que bien tard des bénéfices qu'ils étaient en droit d'en attendre. Corrége succombant sous le poids de la lourde monnaie de cuivre avec laquelle on payait dédaigneusement ses chefs-d'œuvre; le Dominiquin, pauvre et méconnu toute sa vie, mourant de fatigue et de misère; chez nous enfin, le Poussin, appelé à la cour de Louis XIII à l'âge de quarante-six ans seulement; voilà des exemples, et nous nous bornons, pour ne pas en citer d'autres qui suffiraient à montrer combien il faut se défier de ces assertions tranchantes qui, pour avoir trouvé place dans un rapport officiel, n'en sont pas moins très-controversables.

Mais le rapport ne s'en tient pas là. A l'entendre, il semblerait que l'Académie ne couronne que des élèves arrivés à trente ans, c'est-à-dire à l'âge fatal, et c'est tout le contraire qui est vrai.

La moyenne d'âge des élèves couronnés pour le grand prix de peinture est de vingt-six ans.

Même moyenne pour les élèves de sculpture et de gravure.

Enfin, la moyenne d'âge pour les élèves architectes, quoique ceux-ci soient astreints, par la nature de leur art, à de doubles études, pour ainsi dire, ne dépasse pas sensiblement celle des autres élèves.

Le fait est positif. Comment l'auteur du rapport n'a-t-il pas eu le soin de se faire mettre sous les yeux la liste des élèves couronnés depuis un certain nombre d'années? Comment n'a-t-il pas pensé que ses allégations seraient contrôlées et qu'elles pourraient être détruites par un simple chiffre? Et ne s'expose-t-il pas à ce qu'on voie, dans un tel dédain de s'éclairer sur des points aussi importants, la preuve flagrante d'un parti pris et d'une résolution arrêtée d'avance, que l'on se donne à peine le soin de cacher sous des prétextes spécieux et des raisonnements fragiles.

Croyons, cela vaut mieux, que l'auteur du rapport s'est décidé par des motifs plus honorables et plus dignes. Il a, nous en sommes certain, la noble ambition de régénérer l'École. Comme un quasi-astronome fort à la mode en ce moment, il a fait ses calculs, et ses horoscopes lui ont annoncé l'apparition de jeunes Raphaël et de nouveaux Michel-Ange. Il les voit déjà, sans doute, peupler les bancs de l'École. Illusion flatteuse, mais erreur profonde! Depuis quatre cents ans, depuis l'apparition de tous les génies qu'enfanta la Renaissance, c'est à peine si, de siècle en siècle, quelques noms illustres brillent dans la nuit qui a succédé à ces beaux jours. C'est que l'industrie humaine ne peut pas faire et ne fait pas de grands artistes; c'est la nature qui les crée. Aussi l'erreur capitale du rapport est-elle de n'avoir pas vu que l'École n'a pas été instituée dans ce but.

Sa mission, et elle est encore assez belle, est principalement conservatrice. L'École est un lieu d'asile ouvert aux aptitudes de la jeunesse française dans ce qu'elles ont de plus pur et de plus élevé, et son but est de les développer par le maintien des fortes études propres à former son goût et son génie. Quoi qu'on en dise, elle ne présente pas l'art à ses élèves « *comme une longue allée droite au bout de laquelle on arrive avec de la patience* ». Mais tout en tenant compte de leur originalité, tout en développant leurs qualités, elle reste dans le rôle qu'elle s'est justement tracé en leur montrant leurs faiblesses et leurs défauts. S'ils avaient été les juges du jeune Rubens, ce souvenir malencontreux pour M. le surintendant et pour le public, d'une admiration trop fervente; les professeurs de l'École n'auraient pas méconnu, comme on les en accuse bénévolement, l'admirable couleur de ses premiers essais; mais ils l'auraient sans doute averti « *de l'incorrection de son dessin et de la vulgarité de ses types.* » Le mal aurait-il donc été bien grand, ou bien M. le surintendant se soucie-t-il si peu de cet idéal de perfection vers lequel tendent sans cesse les véritables artistes? Noble but, trop rarement atteint, hélas! des cœurs les plus généreux, des aspirations les plus hautes, et pour lequel c'est déjà une gloire de lutter et de combattre!

L'âge de trente ans n'a donc été adopté par le règlement que pour laisser la carrière ouverte aux vocations tardives, aux jeunes gens que des convenances de famille, de position ou de fortune, ont empêché de se livrer de bonne heure à l'étude des beaux-arts.

Pour la première fois, dans le cours de notre travail, nous trouvons l'occasion d'adresser des remerciements à M. le surintendant. Il a épargné l'école de Rome; il s'est contenté de la mutiler.

Cette modération est louable pour qui ne paraît pas comprendre la salutaire influence que le séjour de la ville éternelle et le spectacle du monde ancien en présence de la société moderne, des monuments religieux de l'antiquité en face des temples du Dieu des chrétiens, sont appelés à exercer sur l'âme et l'esprit des artistes. Ce sujet nous conduirait trop loin; disons seulement que celui-là ne sera jamais qu'un artiste incomplet, qui n'a pas vu Rome, et qui l'a vue sans l'aimer ou a pu la quitter sans regrets.

Nous avons encore à dire quelques mots sur la question des jurys constitués d'après le mode proposé par le rapport. Elle a pour les grands prix de Rome une tout autre importance que celle des jurys pour le concours intérieur de l'École, et même de nos grandes expositions publiques. Dans un des concours intérieurs, l'élève le plus méritant voit un de ses camarades lui être préféré. Le mal n'est pas sans remède; il peut être promptement réparé, puisque les concours sont très-rapprochés. Si l'œuvre d'un artiste est repoussé par le jury de nos grandes expositions, il peut s'en prendre à la partialité ou au mauvais goût de ses juges; il a le recours et l'appel au public, et si ses plaintes sont fondées, sa carrière et sa réputation ne souffriront pas de cet échec. Mais c'est tout autre chose pour les grands prix de Rome. Ici le jury tient dans ses mains la destinée des concurrents. C'est le fruit du travail, des efforts de la plus belle partie de la vie d'un jeune homme qu'il s'agit d'apprécier, et, selon son arrêt, le talent de l'élève va recevoir la consécration la plus éclatante, ou retomber, pour jamais peut-être, dans les rangs d'une honnête médiocrité. On comprend dès lors que le choix du jury ne puisse être fait avec trop de soin et entouré de trop de garanties d'indépendance et de lumières.

Le système adopté par le rapport présente-t-il toutes ces garanties?

D'abord, et pour ce qui est de l'indépendance, nous lisons dans le rapport, que les personnes aptes à devenir membres du jury, sont désignées par le conseil supérieur d'enseignement (et nous savons par qui ce conseil est formé), au choix du ministre qui en arrête la liste. En lui accordant, et nous n'en doutons pas un instant, les meilleures intentions du monde et le désir d'être impartial, il est évident que M. le surintendant songera d'abord à ses amis, aux artistes, aux amateurs avec lesquels il est en communion d'idées et de sentiments. Il y inscrira certainement aussi les noms de l'Académie des Beaux-Arts; mais qu'arrivera-t-il s'il est en hostilité avec un certain nombre de ses membres? Cette hostilité se manifestera par des appréciations très-différentes, des opinions fort tranchées et fort vives; deux camps se formeront, et, que l'on nous permette cette expression vulgaire, on se battra sur le dos des élèves.

Nous venons de prononcer le mot d'amateur: M. le surintendant, d'après les inspirations du rapport, est certainement disposé à en admettre un certain nombre dans les jurys des grands prix. Or, et quoique nous semblions tirer sur nos propres troupes, nous devons déclarer que cette intervention nous paraît malheureuse. En premier lieu, parce qu'il y a peu d'amateurs, s'il y en a, capables de juger du mérite essentiel et des qualités intrinsèques d'une œuvre d'art (les artistes nous comprendront bien), surtout si cette œuvre n'est pas signée d'un nom connu, circonstance propre à tranquilliser singulièrement leurs consciences ; en second lieu, parce qu'il n'y a pas un artiste qui consente à accepter volontairement le jugement d'un amateur comme un jugement définitif.

Le tirage au sort offre évidemment une certaine garantie d'indépendance; mais combien de fois a-t-il donné de mauvais résultats, si nous nous rappelons les plaintes et les récriminations des artistes dans un temps déjà loin de nous, où il a été appliqué ! Elles se reproduiraient donc encore inévitablement.

La matière est difficile et délicate, nous le savons. Nous avons usé tour à tour des différents systèmes : Pas de jurys ; jurys nommés par les artistes eux-mêmes ; jurys tirés au sort sur des listes ; jurys formés de l'Académie seule ; jurys composés de l'Académie avec adjonction de membres pris au dehors. Tous ont été en butte aux mêmes reproches. Il ne faut donc pas triompher trop tôt. Le système adopté tout récemment par M. le surintendant n'a pas encore fait ses preuves. Il a été accueilli comme l'Espérance : attendons au lendemain du jugement.

Pour nous, nous pensons que le système le plus simple, celui qui, du reste, se présente le premier à l'esprit, est encore le meilleur. Nous voulons parler du jugement des artistes par leurs pairs, c'est-à-dire par l'Académie ; et nous croyons avoir démontré que le système proclamé par M. le surintendant n'offre pas autant de garanties de lumières et d'indépendance.

Nous avons vu que les reproches faits à l'ancien système des concours, pouvaient être adressés également au mode de récompense et d'encouragement proposé par la nouvelle organisation ; nous ajouterons qu'ils sont plus motivés. En effet, est-ce que le ministre ne se trouvera pas bien autrement engagé à protéger l'artiste qu'il aura formé, qu'il aura couronné lui-même, que le lauréat de l'école qui ne l'aura été qu'en dehors de son influence? Les deux situations seront tout au moins identiques ; et les paroles décourageantes que nous allons citer, s'appliquent aux anciens comme aux futurs lauréats : « *Considérons, M. le ministre, le sort probable de l'élève qui obtient à trente ans le prix de Rome.* » (Nous venons de montrer plus haut que l'âge moyen de ces élèves était de vingt-six.) « *Il va passer*, continue le rapport, *cinq ans loin de son pays, loin du public dont il attend sa répu-*

tation et même son existence, et il devient de plus en plus étranger au mouvement des esprits, aux progrès des critiques qui ont lieu dans sa patrie. A trente-cinq ans, il revient oublié, hors d'état de chercher une voie nouvelle, peut-être de prendre une autre carrière. Il n'a plus qu'une ressource, c'est de s'adresser au gouvernement qui lui a donné une éducation dont il ne peut tirer parti. Il demande à l'administration les moyens d'exister, non comme on sollicite un bienfait, mais comme on réclame une indemnité légitime. »

Sans vouloir faire ressortir ici tout ce qu'il y a heureusement de faux et d'exagéré dans le passage que l'on vient de lire, nous ne craindrons pas de dire que nulle des allégations du rapport n'a produit d'effet plus déplorable ni causé une plus douloureuse surprise. Était-ce là le langage que devait tenir le haut fonctionnaire qui a plus que jamais pour mission de protéger et de défendre ceux qu'il se plaît à représenter tendant la main tout au moins comme des solliciteurs affamés? Et cependant, qu'on jette les yeux sur nos monuments, sur nos palais, sur nos théâtres, qu'on parcoure nos Musées; et les œuvres de nos architectes, de nos peintres, de nos sculpteurs, montreront assez comment les élèves de Rome savent reconnaître les bienfaits du gouvernement et du pays.

En comparant les sommes si parcimonieusement rémunératrices accordées à nos artistes, et les œuvres importantes auxquelles ils consacrent leurs efforts et leurs talents, on reconnaîtra peut-être que ce n'est pas du côté de l'administration qu'est le désintéressement et la générosité. Où l'État, les départements, Paris, les villes les plus importantes, recrutent-ils leurs architectes? Qui choisissent-ils pour décorer leurs édifices? Quels sont leurs peintres et leurs sculpteurs? et naguère, pour en finir, lorsque le projet d'un Opéra qui devait surpasser en magnificence et en grandeur tous les édifices de ce genre, fut mis au concours, qui donc fut reconnu, d'une voix unanime, le plus digne d'entreprendre ce splendide monument? C'est ainsi que les élèves de Rome paient à leur patrie leur dette de reconnaissance. Le rapport peut affecter de l'ignorer; leurs œuvres, qui sont debout, et l'admiration du public, les vengeront assez de son oubli.

Résumons-nous.

Nous avons voulu prouver que le rapport n'avait d'autre but que d'enlever aux professeurs de l'école et à l'Académie, la direction de l'École des Beaux-Arts, et d'y substituer l'omnipotence de M. le surintendant, sous le contrôle plus apparent que réel de M. le Ministre de la maison de l'Empereur;

Que les attributions nouvelles ajoutées à celles qu'il possède déjà, constituaient en faveur de M. le surintendant des Beaux-Arts une sorte de dictature sans exemple;

Que l'ancienne organisation était parfaitement adaptée au but à atteindre, qu'elle avait produit d'excellents résultats, et qu'elle se prêtait facilement à toutes les modifications reconnues nécessaires.

Nous avons placé en regard de celle-ci, l'organisation nouvelle : nous croyons avoir fait voir que, loin de parer aux vices et aux défauts reprochés à l'ancienne, elle les aggravait au contraire, et ouvrait la porte à de nouveaux abus.

Nous avons signalé le peu de réflexion, la légèreté apportées à la préparation de mesures aussi importantes, et nous avons regretté les formes acerbes des critiques et des reproches adressés aux professeurs de l'École et à leur enseignement; critiques et reproches dont nous nous sommes efforcés de démontrer le peu de fondement.

C'est au lecteur à juger si nous avons rempli la tâche que nous nous étions imposée.

Nous n'avons pas épuisé, loin de là, toutes les objections que soulève le rapport : entre autres, nous n'avons rien dit des dépenses considérables dans lesquelles on allait se trouver entraîné, par suite de l'agrandissement indispensable de l'École, de l'appropriation de ses locaux et de l'acquisition du matériel nécessaire. C'est au Conseil d'État et au Corps législatif qu'on devra s'en expliquer et qu'on aura à en rendre compte. Nous n'avons pas non plus, pour nous servir de la phrase consacrée, gardé toutes les avenues contre la critique; il a fallu nous borner. Mais que l'on en soit bien persuadé, ce ne sont pas les bonnes raisons qui nous manqueraient pour défendre les opinions dont nous nous sommes fait l'interprète.

Nous avons trop la conscience de notre insuffisance et de

notre faiblesse, en présence d'un adversaire si puissant, pour croire un instant que nos observations auront quelque influence sur la marche des choses. Elles auront cependant une certaine utilité, celle de présenter, fixées sur le papier, réunies en corps, pour ainsi dire, les principales objections qu'a soulevées de toute part l'organisation nouvelle.

Des modifications à la limite d'âge pour les concours ont été apportées déjà au nouveau décret; espérons qu'elles ne seront pas les dernières. Pour nous, si l'on reconnaît que nous avons signalé un écueil ou donné un seul avis utile, nous nous trouverons suffisamment payé de notre peine. Nous espérons, en tout cas, fort de nos intentions loyales et de la sincérité de nos convictions, qu'on nous pardonnera d'avoir combattu pour ce que nous croyons être la liberté et la dignité de l'art et des artistes.

NOTE

Le rapport, en prenant pour base de ses critiques l'ordonnance du 4 août 1819, laisse ignorer quelles furent l'origine et les destinées de l'Ecole des Beaux-Arts jusqu'à cette époque. Nous ne pouvons que les esquisser rapidement.

L'histoire de l'École des Beaux-Arts offre l'intérêt qui s'attache en général à toutes les institutions d'une société si loin de nous, moins par le temps que par les idées qui y régnaient. Elle a été, de la part d'un érudit aussi modeste que consciencieux, l'objet de recherches qu'il se propose de livrer prochainement à la curiosité du public. On trouvera sans doute que cette œuvre de nos pères qui a présidé pendant deux siècles aux destinées de tant d'artistes illustres, méritait au moins, de la part de ceux qui viennent de la détruire, quelques paroles de sympathie et de regrets.

En 1648, le célèbre Lebrun fonde, avec l'autorisation de Louis XIV, une Académie dans lebut de soustraire les artistes aux exigences et aux embarras de la maîtrise. Jusque-là, en effet, nul ne pouvait exercer l'art de la peinture, s'il n'avait obtenu le titre de maître dans la corporation dite des maîtres peintres, vitriers et sculptiers. Ce titre s'acquérait par la production d'un chef-d'œuvre, après six années passées chez un maître, dont trois comme *rapin* et trois comme apprenti. Les seuls artistes logés chez le roi ou les princes du sang avaient le droit de se livrer librement à leurs travaux; pour tous les autres individus, le syndicat de la corporation avait le droit de faire saisir leurs œuvres, non-seulement dans les lieux où elles étaient exposées, mais encore dans leurs propres ateliers.

Les douze premiers membres de l'Académie furent nommés *les anciens*. Le nombre des autres était illimité. Les frais de loyer, de modèles, de récompenses même, étaient supportés par eux. Une première subvention de 4,000 livres fut accordée d'abord à l'Académie, qui se logea successivement au Louvre et au Palais-Royal. En 1663, les prix de Rome sont organisés par Colbert. L'Académie, depuis lors jusqu'en 1793, continue à subsister, gouvernée par le conseil formé des douze *anciens* qui avaient, entre autres privilèges, celui de choisir les professeurs. La Convention et le Directoire maintiennent les anciennes mesures relatives aux prix de Rome, qui n'étaient alors qu'au nombre de trois : peinture, sculpture, architecture. En 1801, le Premier Consul confirme ces dispositions et crée de nouveaux grands prix. En 1794, David-Leroy, architecte, avait établi, avec l'agrément du concierge du Louvre, un atelier sous une des arcades du palais qui fait face au pont des Arts, et y réunissait des élèves qu'il récompensait avec des livres tirés de sa propre bibliothèque. En 1804, Vien, nommé sénateur par l'Empereur, obtint que les *anciens* seraient réintégrés à la tête de l'École renaissante, dans leurs anciennes prérogatives. Des professeurs choisis par eux, quelques-uns seulement recevaient un traitement de l'État. Enfin, le 11 janvier 1806, une organisation plus complète est décrétée; le nombre des professeurs est porté à douze; ils sont nommés par l'Empereur et reçoivent un traitement de l'État. Le rectorat est fixé à soixante et l'éméritat à quatre-vingts ans. Ces distinctions emportaient une certaine augmentation d'appointements. Sous la Restauration, les professeurs étaient nommés par le roi, entre deux candidats présentés, l'un par l'Institut, l'autre par l'École; puis l'École eut la présentation des deux candidats; enfin elle n'en présentait plus qu'un seul. Son choix était toujours soumis à la sanction, non du Ministre, mais du chef de l'État, comme pour l'Académie française.

Il n'y a pas d'exemple de professeurs de l'École choisis en dehors des membres de l'Académie des Beaux-Arts.

ÉCOLE DES BEAUX-ARTS

Les règlements de l'École royale et spéciale des Beaux-Arts ont été soumis au roi par M. le ministre de l'intérieur, et approuvés par une ordonnance de S. M., en date du 4 août. Vu le bulletin jusque..... (*Moniteur du 15 août* 1819, 1823 compris.)

Ordonnance du roi, donnée à Saint-Cloud, le 4 août 1819.

Louis, par la grâce de Dieu, etc., etc.

Sur le rapport de notre ministre secrétaire d'État de l'intérieur, nous avons ordonné, etc.

ARTICLE PREMIER.

Le règlement de l'École royale et spéciale des Beaux-Arts de Paris, tel qu'il est annexé à la présente ordonnance, est et demeure approuvé.

ART. 2.

Notre ministre secrétaire d'État au département de l'intérieur est chargé de l'exécution de la présente ordonnance.

Donné à Saint-Cloud.

Signé : LOUIS.

Le ministre comte DECAZES.

Le maître des requêtes, MIRBEL.

RÈGLEMENT CONSTITUTIF DE L'ÉCOLE ROYALE DES BEAUX-ARTS.

ARTICLE PREMIER.

L'École établie à Paris pour l'enseignement de la peinture, la sculpture et l'architecture, est sous la protection immédiate de Sa Majesté.

ART. II.

L'enseignement est divisé en deux sections : l'une comprend la peinture et la sculpture; l'autre l'architecture.

ART. III.

Dans la section de peinture et sculpture l'enseignement se compose :

1° D'exercices journaliers qui sont la base de l'instruction, et consistent dans l'étude de la figure humaine, d'après l'antique et d'après le modèle vivant.

2° De cours spéciaux :

D'anatomie;

De perspective;

D'histoire et d'antiquités;

3° De concours d'émulation, appropriés aux diverses parties des études;

4° De quatre grands concours annuels, donnant aux élèves qui en remportent les prix, le droit d'être entretenus pendant cinq années, aux frais de l'État, à l'École française à Rome.

ART. IV.

Quinze professeurs sont employés au service des diverses parties de l'enseignement, savoir : pour diriger l'étude journalière et les concours, sept peintres et cinq sculpteurs :

Et pour les cours spéciaux :

Un professeur d'anatomie ;

Un professeur de perspective ;

Un professeur d'histoire et d'antiquités.

ART. V.

L'enseignement de l'architecture se compose :

1° De leçons, données dans des cours spéciaux, sur la théorie et l'histoire de l'art, sur les principes de la construction, et sur les mathématiques appliquées à l'architecture ;

2° De concours d'émulation relatifs aux diverses branches de l'instruction ;

3° De grands concours annuels, établis pour cette section comme pour la section de peinture et sculpture, avec les mêmes effets et les mêmes avantages pour les élèves qui en remporteront les prix.

ART. VI.

Dans la section d'architecture, l'enseignement est réparti entre quatre professeurs spéciaux, savoir :

Un pour la théorie ;

Un pour l'histoire de l'art ;

Un pour la construction ;

Un pour les mathématiques.

ART. VII.

Il y a en outre, près de cette section, une commission pour l'assister dans le ugement des concours.

Cette commission est composée de vingt membres, choisis parmi les architectes les plus distingués.

Ces membres sont élus par l'assemblée générale des professeurs de l'Ecole, sur une liste de candidats présentés par la section d'architecture. Il est rendu compte des nominations au ministre de l'intérieur.

Les fonctions de la commission sont purement honoraires et consistent dans les jugements à porter, de concert avec les professeurs d'architecture, sur les résultats des différents concours d'émulation.

ART. VIII.

Les douze professeurs attachés à l'enseignement journalier ne peuvent être nommés ni avant trente ans ni après soixante.

Ceux d'entre eux qui arrivent à soixante et dix ans, prennent le titre de professeurs recteurs et sont dispensés de quelques-unes des fonctions du service actif, qui sont réparties entre les autres.

A soixante ans un professeur peut, à raison de ses services, passer au grade de recteur sur la proposition de l'École.

Il ne doit y avoir jamais plus de quatre recteurs à la fois; il peut y en avoir un moindre nombre.

Les recteurs de soixante-dix ans peuvent, à raison des infirmités dont ils se trouveraient atteints, cesser leurs travaux habituels et prendre le rang de professeurs émérites; une décision est rendue à cet égard par le ministre, sur le rapport de l'École.

A quatre-vingts ans, tout professeur jusque-là en activité quitte nécessairement le service journalier et n'est plus tenu que de remplir les fonctions de l'éméritat.

ART. IX.

Les professeurs émérites ont pour fonctions d'assister, une fois par semaine, aux exercices des élèves.

Ils rendent compte aux assemblées de l'état des cours et des études.

Ils conservent leur traitement intégral.

ART. X.

Les professeurs des deux sections se réunissent en assemblée générale pour toutes les affaires qui intéressent l'École entière et pour les élections aux places vacantes.

ART. XI.

Chacune des deux sections s'assemble séparément toutes les fois que l'exige le service de la partie d'enseignement qui lui est confiée.

ART. XII.

Un président administrateur, et, en son absence, un vice-président, règlent les délibérations des assemblées; leurs fonctions ne durent qu'une année.

ART. XIII.

Tous les ans, au commencement de décembre, les professeurs élisent entre eux un vice-président pour l'année qui va commencer, et le vice-président de l'année écoulée passe de suite à la présidence.

Le président sorti d'exercice peut, après le laps d'une année, être réélu.

Il est donné au ministre connaissance de ces mutations.

ART. XIV.

L'École royale des Beaux-Arts a un secrétaire perpétuel qui rédige la correspondance générale et les procès-verbaux des délibérations prises dans les assemblées, inscrit ceux-ci sur un registre, en délivre les extraits, etc.

ART. XV.

Un secrétaire-architecte est spécialement attaché à la section d'architecture pour l'inscription des élèves, la rédaction de tous procès-verbaux, des jugements des concours et la conservation des archives de cette partie.

ART. XVI.

L'administration de l'école est confiée à un conseil de cinq membres qui sont :

Le président administrateur;

Le vice-président;

Le président sorti de fonctions;

Le secrétaire perpétuel;

Un membre de la section d'architecture, à tour de rôle, et successivement tous les ans.

ART. XVII.

Le conseil d'administration est chargé de faire exécuter les décisions prises dans les assemblées, de diriger et surveiller la comptabilité, de maintenir les règlements, d'entretenir les relations de l'école avec le ministre et avec les établissements publics et les particuliers. Dans le cas d'urgence et de pure discipline, il peut prendre les mesures qu'il juge convenables, sauf à en faire le rapport aux assemblées prochaines.

ART. XVIII.

La rédaction des lettres et rapports adressés au ministre en vertu des délibérations des assemblées, est soumise au Conseil d'administration.

Les lettres et les rapports sont signés du président et du secrétaire perpétuel.

ART. XIX.

Les professeurs spéciaux, ne pouvant se suppléer entre eux, sont remplacés temporairement, en cas d'absence ou de maladie, par des artistes pris hors de l'Ecole; les suppléants sont choisis en assemblée générale, sur la présentation du professeur qu'ils doivent remplacer.

Le traitement se partage alors entre le professeur et le suppléant.

La désignation de celui-ci est soumise à l'approbation du ministre.

ART. XX.

Les suppléants assistent aux assemblées lorsqu'ils y sont appelés, et ils ont voix délibérative lors du jugement d'un concours qui a eu lieu sous leur direction.

ART. XXI.

Le service d'un suppléant ne lui donne aucun droit particulier à succéder en cas de vacance au titulaire dont il a fait les leçons.

ART. XXII.

Toutes les élections aux chaires vacantes se font en assemblée générale, convoquée à cet effet, et composée des deux tiers au moins des membres ayant voix délibérative.

ART. XXIII.

Les élections se font au scrutin secret et à la majorité absolue des suffrages.

ART. XXIV.

Lors de la vacance d'une place, l'assemblée procède par voie de scrutin à la ormation d'une liste de candidats; à cet effet, on établit une discussion sur le mérite de chacun d'eux. La liste étant formée, l'assemblée se réunit dans la huitaine pour fixer définitivement son choix.

Dans cette seconde réunion, toute discussion sur les candidats est interdite; on ferme le scrutin; le nom de celui qui réunit la majorité absolue des suffrages est aussitôt transmis au ministre.

ART. XXV.

La nomination du secrétaire perpétuel de l'Ecole et celle du secrétaire-architecte de la section d'architecture sont faites dans les mêmes formes.

Les choix sont soumis à l'approbation du ministre.

ART. XXVI.

Le traitement des professeurs est de.	2,400 fr.
Celui du secrétaire-perpétuel	3,000
Celui du secrétaire-architecte.	1,500

ART. XXVII.

Les membres de l'École doivent être logés dans le local affecté à l'École royale des Beaux-Arts par les ordonnances de Sa Majesté.

ART. XXVIII.

Les employés attachés au service de l'École sont nommés par les professeurs; le ministre est informé aussitôt de ces nominations, et aucun changement dans les traitements ne peut avoir lieu sans son approbation spéciale.

Décrété par le ministre, le 22 juillet 1819.

COMTE DECAZES.

Pour être annexé à l'Ordonnance du 4 août 1819.

RAPPORT

A SON EXCELLENCE LE MARÉCHAL DE FRANCE

MINISTRE DE LA MAISON DE L'EMPEREUR ET DES BEAUX-ARTS.

Monsieur le ministre,

Pour me conformer aux ordres de l'Empereur, que vous m'avez fait l'honneur de me transmettre, j'ai dû porter mon attention sur l'organisation de l'École impériale des Beaux-Arts, qui a pour mission de diriger l'éducation des artistes, et qui, selon les tendances et les doctrines qu'elle fait prévaloir, peut exercer une influence décisive sur le développement des talents, en favoriser ou en arrêter l'essor, en un mot élever ou abaisser le niveau de l'art. Aucune mission n'est donc plus importante et plus sérieuse; mais, après l'examen le plus approfondi et le plus consciencieux, je n'hésite point à dire que l'organisation actuelle n'offre pas toutes les garanties que le Gouvernement et le public sont en droit de réclamer, et que des réformes capitales doivent être introduites aussi bien dans le système administratif de l'École que dans le système d'enseignement.

Aux termes du règlement constitutif annexé à l'ordonnance du 4 août 1819, qui régit encore l'Ecole impériale des Beaux-Arts, l'administration de cet établissement est confiée aux professeurs, qui se réunissent en assemblées générales. Tous les ans ces professeurs élisent entre eux un vice-président qui passe de droit à la présidence l'année suivante. Le président, le vice-président et le président sorti de fonctions, assistés du secrétaire perpétuel et d'un des professeurs de la section d'architecture, composent le conseil d'administration, qui est chargé de faire exécuter toutes les décisions prises dans les assemblées générales, de maintenir les règlements et de correspondre, par l'intermédiaire du président et du secrétaire perpétuel, avec le public et le ministre, quand il y a lieu. Je dis *quand il y a lieu;* car, à l'exception des autorisations et liquidations de dépenses, les communications du conseil au ministre n'ont pour objet que la notification des mesures prises dans les assemblées générales, mesures qui, pour la plupart, n'ont pas besoin, en vertu du règlement précité, d'être soumises à l'approbation ministérielle. Ainsi, quand une vacance se produit dans le personnel des professeurs, ce sont les professeurs qui nomment directement à cet emploi, et le ministre est simplement informé de leur décision. Il est vrai qu'on n'a jamais considéré de telles nominations comme suffisantes, et que l'administration a toujours jugé indispensable de les faire sanctionner par une décision spéciale du Souverain; mais il est vrai aussi que l'administration, liée par l'ordonnance de 1816, ne s'est jamais crue autorisée à rien changer au choix des professeurs. Les professeurs sont également les seuls juges des modifications à introduire dans le régime de l'Ecole, qu'il s'agisse de l'admission des élèves, de l'enseignement, des récompenses, des concours, c'est-à-dire des questions les plus vitales et de l'ordre le plus élevé; en un mot, par une étrange interversion des rôles, l'assemblée des professeurs exerce les attributions ministérielles, et le ministre qui est responsable devant l'Empereur de la gestion de l'Ecole, est dépourvu des moyens de lui imprimer sa direction et de faire même pénétrer dans le conseil un seul représentant de ses idées.

Qu'un corps savant se recrute lui-même et par l'élection, c'est là un fait normal, une règle acceptée par tous; mais l'Ecole impériale des Beaux-Arts n'est pas un corps savant, c'est un service de l'État, c'est, comme le Conservatoire de musique, un établissement public dont la direction et la surveillance sont placées dans les attributions d'un département ministériel, et qui doit être, en conséquence, régi et administré d'après les mêmes principes. Qu'il me soit permis, en outre, de vous faire remarquer, monsieur le ministre, que le mode actuel de nomination des professeurs présente des inconvénients d'autant plus graves qu'il a pour résultat inévitable de perpétuer des doctrines et des théories plus ou moins absolues, et cela dans un temps où le public, n'ayant point de système, point de parti pris, comprend tout et juge tout sans prévention, heureux quand il trouve un mérite quelconque dans les tentatives les plus audacieuses.

Il me paraît donc impérieusement nécessaire de rendre à la prérogative ministérielle la nomination des professeurs, et, en laissant à ces derniers leurs attributions naturelles, celles de l'enseignement, de charger de l'administration de l'Ecole un directeur qui pourrait être nommé par décret impérial et seulement pour un temps déterminé.

Un conseil supérieur, qui serait institué près l'Ecole, et qui se composerait de membres choisis parmi les artistes éminents et les personnes les plus éclairées en matière d'art, serait appelé à donner au ministre des avis purement consultatifs sur les questions qui sont aujourd'hui résolues en dernier ressort par l'assemblée générale des professeurs.

J'aborde maintenant l'examen du mode d'enseignement présentement suivi dans l'Ecole impériale pour développer les dispositions des élèves et exciter leur émulation.

L'enseignement, à proprement parler, ne consiste guère, pour les peintres, sculpteurs et graveurs, que dans un cours de dessin, si on peut donner ce nom à de courtes séances où, pendant quelques mois de chaque année, les élèves dessinent d'après la bosse ou le modèle vivant, sous les yeux d'un professeur qui donne des conseils en parcourant les bancs. Pour les élèves arrivés à un degré d'instruction supérieur, il y a en outre un cours d'anatomie. Les architectes suivent des cours de mathématiques, de géométrie descriptive, d'architecture, d'histoire de l'art et de construction. Il y a enfin, pour tous les élèves de l'Ecole, un cours d'histoire générale. Il faut remarquer que la plupart des cours sont peu suivis : il y en a même qu'on ne fait point.

N'est-il pas extraordinaire que, dans une Ecole où les peintres sont en majorité, il n'y ait point de professeur de peinture ? Ne serait-il pas nécessaire cependant que les élèves apprissent de quels procédés se sont servis les grands maîtres qu'on leur propose pour modèles? Il y a là une regrettable lacune à combler.

Au commencement de ce siècle, nous avons eu plusieurs écoles particulières qui ont jeté un vif éclat. David, et après lui Gros, Guérin, Girodet, Ingres, ont eu des ateliers et ont formé des élèves, dont plusieurs ont acquis une juste renommée. On se plaint aujourd'hui que très-peu d'artistes en réputation s'occupent de former des élèves, et plus d'un critique trouve là un signe de décadence. Des causes toutes matérielles les empêchent très-souvent d'ouvrir un atelier. Maintenant il n'est pas aisé de trouver à Paris un logement convenable pour recevoir des élèves. Beaucoup d'artistes éprouvent de la répugnance à se mêler des détails de l'administration d'une école. Peut-être parviendrait-on à lever ces difficultés en établissant aux frais du Gouvernement des ateliers dont la direction serait confiée à des professeurs nommés et indemnisés par le ministre des Beaux-Arts.

Je signalerai à l'attention de Votre Excellence une autre lacune dans l'enseignement : il n'y a pas à l'Ecole de cours de gravure, bien que cet art comprenne une foule de procédés qu'il importerait d'exposer, de discuter, pour en montrer les ressources, les avantages ou les inconvénients.

On est encore surpris qu'on n'enseigne aux architectes ni les règlements administratifs qui les concernent, ni la pratique des opérations sur le terrain. Le Gouvernement, qui forme des architectes, devrait, ce semble, veiller à leur éducation pratique, dont dépend la bonne exécution des constructions publiques et souvent la fortune des particuliers.

En comblant de pareilles lacunes qui existent dans l'enseignement, en perfectionnant ainsi l'éducation des artistes, on assurerait à notre industrie une supériorité qui commence à lui être contestée.

Supposons donc que tous les cours de l'École, ceux qui existent déjà et ceux dont nous réclamons la fondation, soient faits avec conscience et talent. A mon avis, ce ne sera pas encore assez. Le champ de l'esthétique est immense et chacune de ses parties peut être envisagée à des points de vue fort différents. Tout homme qui a fait une étude sérieuse des beaux-arts a quelques idées qui lui sont propres et qu'il serait utile de répandre. Nous voudrions notamment que l'administration fît appel à tous les hommes de bonne volonté qui consentiraient à faire gratuitement de telles communications. Dans la plupart des cas, quelques conférences suffiraient pour exposer les notions ou les théories nouvelles, et il y aurait lieu seulement d'ouvrir une salle et d'afficher un programme.

Pour mieux expliquer ma pensée, citons au hasard quelques exemples des leçons qui, à notre sentiment, pourraient être faites avec utilité. Un érudit s'est occupé de recherches sur les costumes des anciens; qu'il en fasse part aux amateurs de la vérité historique. Un chimiste a trouvé des couleurs nouvelles, ou bien un amateur a découvert quelques procédés des maîtres anciens; qu'ils en démontrent publiquement les avantages. Un médecin a étudié le mouvement des muscles produits par les différentes passions, il aura plus d'une leçon intéressante à faire. Un critique, enfin, s'est-il fait une théorie du beau : qu'il l'explique. Nous verrions très-peu d'inconvénients à ce que dans la même enceinte on développât des systèmes très-différents, que par exemple on prêchât tour à tour l'imitation servile de la nature, et la recherche d'un type idéal. Tout ce qui peut exciter la pensée chez les élèves est utile. Il n'y a qu'un danger, c'est qu'ils se représentent l'art comme une longue allée droite au bout de laquelle on arrive avec de la patience. Il convient que de bonne heure ils mesurent l'étendue de la carrière où ils s'engagent, et qu'ils sachent bien qu'on n'arrive au but qu'après les méditations les plus sérieuses et l'exercice continuel de toute l'intelligence. *Socrate, fils d'une sage-femme, se comparait à un accoucheur*. Par son enseignement il savait obliger ses disciples à produire le plus grand effort dont leurs facultés étaient susceptibles. Il les habituait à penser par eux-mêmes. C'est une éducation analogue que nous voudrions pour nos jeunes artistes, et tout exercice tendant à ce but peut et doit leur être recommandé.

Cette originalité personnelle, qualité si essentielle aux artistes, que l'enseignement tend si peu à développer aujourd'hui, est encore entravée de la manière la plus regrettable par le système des concours en usage dans notre école, et qui est devenu la principale affaire des élèves et des professeurs. Depuis l'admission d'un élève jusqu'à sa sortie, il passe par une série d'épreuves suivies de récompenses graduées. Une médaille est donnée pour le dessin d'une académie, c'est la première épreuve; le prix de la dernière est une pension pendant cinq ans à l'Académie de France, à Rome. Plusieurs années se passent dans ces concours qui toujours ont les mêmes juges; et jusqu'à l'âge de trente ans révolus, on peut se présenter pour obtenir le grand prix, bien entendu lorsqu'on a réussi, au préalable, dans les épreuves préparatoires.

Cette sorte de filière, où doivent passer les jeunes artistes, semble fondée sur une opinion qui ne mérite guère d'être discutée, à savoir, qu'avec de la patience et de la mémoire on atteint le but. Qu'arrive-t-il? Entré à l'École avec des dispositions très-prononcées, avec un sentiment personnel déjà original peut-être, l'élève ne tarde pas à reconnaître les goûts et les préférences de ces juges. Pour lui, il s'agit de réussir; c'est donc à leur plaire qu'il doit s'attacher : Il sacrifiera son sentiment personnel pour prendre la manière qu'il sait approuvée, et qui seule peut lui procurer des succès.

Si l'on doute d'un pareil résultat, qu'on examine les ouvrages des candidats aux grands prix : on sera frappé de la ressemblance qu'ils ont les uns avec les autres... Les meilleurs ne se recommandent guère que par des qualités négatives. Et, en effet, monsieur le ministre, comment pourrait-il en être autrement? Nous sommes loin de nier que les juges soient équitables, mais ils partent d'un principe essentiellement faux. Pour une assemblée de professeurs habitués dans leurs concessions réciproques (c'est le cas pour toutes les compagnies), animées d'ailleurs par un certain esprit de corps, les défauts d'un ouvrage produisent plus d'impression que ses qualités. Sur les défauts, tous sont d'accord; les qualités sont toujours contestées. Le prix est à celui qui a le moins de défauts, non pas à celui qui a les plus grandes qualités. En d'autres termes, la médiocrité honnête a les plus belles chances de succès. Or, n'est-ce pas exactement le contre-pied de ce qui devrait servir de base à tout jugement en matière d'art? des qualités exceptionnelles, malgré des défauts incontestables, ont assuré l'immortalité à des maîtres : combien ne doit-on pas les apprécier et les rechercher dans un élève! Si les juges du jeune Rubens, sans tenir compte de l'admirable couleur de ses premiers essais, ne se fussent attachés qu'à blâmer l'incorrection de son dessin ou la vulgarité de ses types, s'ils étaient parvenus à le détourner de son penchant original pour l'engager dans une autre voie, Rubens n'aurait été peut-être ni coloriste ni dessinateur.

Qu'il me soit permis, monsieur le ministre, d'ajouter qu'il est bien difficile aux juges des concours de se soustraire à des considérations étrangères à l'art. Témoins constants des efforts patients d'un élève près d'arriver au terme fatal, à l'âge de trente ans qui va lui fermer le concours, comment ne seraient-ils pas plus indulgents pour lui que pour tel autre de ses concurrents plus jeune, et qui a le temps d'attendre?

Pour remédier aux vices du régime actuel, il s'agirait d'ôter aux concours préparatoires leur trop grande importance et de restreindre la limite d'âge.

Lorsqu'un candidat se présente pour le grade de bachelier ès-lettres ou ès-sciences, on ne lui demande pas où et comment il a étudié; il doit prouver seulement qu'il possède les connaissances exigées pour ce grade. Qu'il en soit de même pour le concours aux grands prix, qu'il soit ouvert à tous ceux qui se croiront assez habiles pour s'y hasarder. Comme le nombre des loges est limité, une première épreuve est nécessaire, mais une académie et une esquisse suffiraient pour désigner les élus; une épreuve analogue pourrait s'appliquer aux architectes. Tous les autres concours préparatoires devraient être supprimés.

Nous pensons, M. le ministre, qu'il ne devrait y avoir qu'un seul prix pour chaque branche de l'art. Plus la distinction sera haute et rare, plus le jugement sera sévère et juste sous le sentiment d'une grande responsabilité. Un second prix est d'ailleurs une espèce de titre dont on se prévaut plus tard, et l'on ne saurait avec trop de soin écarter toutes les considérations étrangères au mérite relatif des concurrents dans une lutte si importante.

Il n'y a jamais eu de grand artiste dont le talent ne se soit révélé de très-bonne heure. On en chercherait vainement un dont la réputation n'ait été assurée avant l'âge de trente ans. Aussi, en proposant pour limite d'admission aux grands concours l'âge de vingt-cinq ans, nous croyons faire encore une part considérable à des habitudes qui n'ont pour elles qu'une sorte de tradition. Fermer à des jeunes gens mal doués par la nature une carrière qui selon toute apparence ne leur offre que des déceptions, c'est leur rendre un véritable service. Considérons, monsieur le ministre, le sort probable de celui qui obtient à trente ans, le grand prix de Rome. Il va passer cinq ans loin de son pays, loin du public dont il attend sa réputation et même son existence, et il devient de plus en plus étranger au mouvement des esprits, aux progrès de la critique qui ont lieu dans sa patrie. A trente-cinq ans il revient oublié, hors d'état de chercher une voie nouvelle, peut-être de prendre une autre carrière. Il n'a plus qu'une ressource, c'est de s'adresser au Gouvernement qui lui a donné une éducation dont il ne peut tirer partie. Il demande à l'administration les moyens d'exister non comme on sollicite un bienfait, mais comme on réclame une indemnité légitime.

C'est ici le lieu de parler des règlements actuels de l'Académie de France à Rome, et je pense, monsieur le ministre, qu'il est opportun d'y apporter les modifications que je vais indiquer.

La pension attribuée aux élèves, qui était convenable à l'époque où elle fut fixée, est aujourd'hui notoirement insuffisante. Logés et nourris aux frais de l'État, les pensionnaires reçoivent un traitement en numéraire si faible, qu'il est presque impossible à ceux qui n'ont pas des ressources particulières de faire les dépenses nécessaires à l'exercice de leur art.

La résidence à Rome me paraît trop prolongée. Il est évident en principe que le lieu de séjour d'un artiste doit varier selon le caractère de son talent. Depuis plusieurs années on autorise les architectes à voyager en Grèce pendant la cinquième année ; malheureusement, on ne leur fournit pas les moyens matériels d'entreprendre ce voyage assez dispendieux. Il me paraîtrait désirable que les pensionnaires ne résidassent que deux ans à Rome, et qu'ensuite on les mît en état de visiter les principaux musées de l'Europe, et de faire des voyages utiles à leur éducation pendant deux autres années. Durant ces quatre années, les pensionnaires seraient tenus, comme ils le sont aujourd'hui, de donner la preuve de leurs études en envoyant quelques-uns de leurs travaux à Paris.

Tous les quatre ans, un concours de paysage est ouvert, dans lequel un grand prix est décerné. Pourquoi ce grand prix de paysage? Pourquoi diviser la peinture en genres? Y a-t-il eu jamais un grand peintre d'histoire qui n'ait été un grand paysagiste? Nous pensons qu'il n'y a qu'un genre de peinture, et c'est le plus élevé, qui ait droit aux encouragements de l'administration, et nous proposerons la suppression du concours de paysage.

Une question délicate se présente, c'est le jugement des concours. Nous avons fait voir, M. le ministre, quelles sont les dispositions à peu près inévitables qu'apportent les juges actuels. Les réclamations ont paru assez fondées pour que l'administration en ait tenu compte à plusieurs reprises dans des occasions analogues; ainsi, elle a tour à tour donné, ôté, rendu à la classe des Beaux-Arts de l'Institut le pouvoir de décider de l'admission des ouvrages présentés aux expositions.

Toute modification qui tendrait à constituer un jury éclairé et indépendant de toute tradition serait, n'en doutons pas, accueillie avec reconnaissance par les artistes. Un moyen d'atteindre ce but serait, à mon avis, de former ce jury par la voie du sort et sur une liste que dresserait le comité supérieur d'enseignement à instituer auprès de l'École impériale des Beaux-Arts.

En résumé, et par les considérations que je viens d'exposer, j'ai l'honneur, M. le ministre, de proposer à Votre Excellence les modifications suivantes :

1° Création d'un emploi de directeur de cette École ;

2° Réforme dans le système de nomination aux places de professeur;

3° Création de chaires nouvelles de peinture, gravure, etc., ainsi que d'ateliers préparatoires, dirigés par des professeurs au choix de l'administration;

4° Ouverture de cours gratuits à l'École des Beaux-Arts, faits par toute personne présentant à l'administration un programme qui promette un enseignement utile;

5° Institution près l'École des Beaux-Arts d'un conseil supérieur d'enseignement;

6° Suppression des concours préparatoires;

7° Fixation de la limite d'âge, à vingt-cinq ans révolus, pour les concours aux grands prix;

8° Suppression des seconds prix;

9° Réduction à quatre années de la pension accordée aux lauréats, dont deux ans passés à Rome et deux autres dans des voyages;

10° Suppression des grands prix de paysage;

11° Augmentation de l'indemnité accordée aux pensionnaires;

12° Introduction d'un jury spécial pour le jugement des concours des grands prix.

En vous signalant l'opportunité de ces réformes, j'ajouterai qu'elles respecteraient, autant que possible, les positions acquises, et qu'elles ne seraient opérées qu'avec les plus grands ménagements pour les personnes.

Veuillez agréer, M. le ministre, l'hommage de mon respect,

Le surintendant des Beaux-Arts,

Comte DE NIEUWERKERKE.

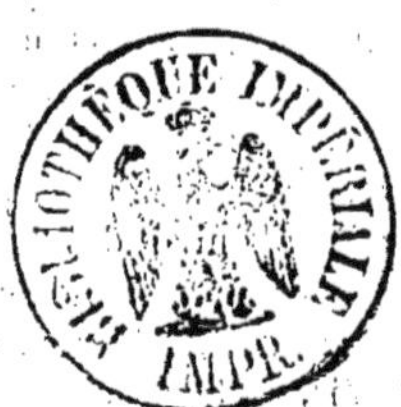

FIN.

EN VENTE A LA LIBRAIRIE DE E. DENTU, ÉDITEUR, PALAIS-ROYAL.

Napoléon III et le Clergé, par HIPPOLYTE CASTILLE. Grand in-8 .... 1 »

Napoléon III, la Pologne et Alfred Ier d'Angleterre. Broch. grand in-8 .. 1 »

La Nationalité Polonaise devant l'Histoire, par PAUL DE SAINT-VINCENT. Brochure grand in-8 .... 3 »

Néaroma. — La Paix au lieu de la Guerre. — Aux Italiens ses ancêtres J. PHILIPPE-AUGUSTE BARBERIN..... Brochure grand in-8 .... 1 »

De Notre Système financier, par E. CHASTENET. Brochure grand in-9 .... 1 »

Le nouveau Pape, par J.-M. CAYLA. Brochure grand in-8 .... 1 »

Le nouveau Royaume des Papes (solution de la question romaine), par un négociant catholique. Brochure grand in-8 .... 1 »

La Nouvelle Carte d'Europe, par EDMOND ABOUT. Broch. in-8 .... 1 »

L'Opposition libérale en 1863. Brochure grand in-8 .... 1 »

La Sainte Cause de la Pologne, par Valentin GALLET Brochure grand in-8. 1 »

La Papauté selon la Foi et selon la Raison, par A. JUGAND. Grand in-8. 1 »

Le Pape à Venise.— Double Solution. Brochure in-8 .... » 50

Le Pape et ses Défenseurs, par HENRI BIGNON. Brochure grand in-8 .... » 50

Le Pape et la Politique, par la Comtesse MARIE MONTEMERLI. In-8 .... » 50

Le Pape et le Czar, par M. LAURENTIE. Brochure grand in-8 .... 1 »

Pape et Pologne, par J.-M. CAYLA. Brochure grand in-8 .... 1 »

Un Catholique au Père Passaglia. Brochure grand in-8 .... 1 »

Du Passé et de l'Avenir de l'Europe. Brochure grand in-8 .... 1 »

Le Passé et l'Avenir du Parti Orléaniste. Brochure in-8 .... 1 »

Le Peuple français à l'Empereur.. Brochure in-8 .... » 50

Pétition au Sénat sur la détresse cotonnière, par A.-S. MÉNIER. Br. in-8... 1 »

Une Pétition au Sénat sur l'Enseignement moral et religieux. In-8... 1 »

Plus de Couvents! par J.-M. CAYLA. Brochure grand in-8 .... 1 »

Plus de Pape-Roi, par J.-M. CAYLA. Brochure grand in-8 .... 1 »

Plus de Question Romaine. — Appel au Concile National, par J.-M. CAYLA. Brochure grand in-8 .... 1 »

Politique et Finances en Italie à propos de l'emprunt de 700 millions et des projets de crédit foncier italien, par J. AMIGUES. Brochure grand in-8 .... 2 »

La vraie Politique française en Pologne, par le général de P. .. In-8 .... 1 »

Politique française et Question italienne, par M. PIETRI. Broch. gr. in-8.. 1 »

La Pologne devant les Chambres, par Anatole DE LA FORGE. Brochure in-8. 1 »

La Pologne devant l'Occident, par M. W. RYBINSKI. Brochure grand in-8... » 50

La Pologne et son droit, par J. VILBORT. Brochure grand in-8 .... 1 »

La Pologne ne périra pas. Brochure grand in-8 .... 1 »

La Pologne et l'Intervention européenne. Brochure grand in-8 .... 1 »

Projet d'organisation d'Hospitaliers militaires, par M. le comte F. de B.. ancien lieutenant-colonel de cavalerie. Brochure grand in-8 .... 1 »

Question de Rome et de l'Italie. — Discours prononcé au Sénat, dans la séance du 28 février 1862, par M. LE VICOMTE DE LA GUÉRONNIÈRE. Broch in-8.... 1 »

La Presse. Discours prononcé au Sénat, dans la séance du 21 février 1862, par M. le marquis DE LA ROCHEJAQUELEIN. Brochure grand in-8 .... » 50

La Prise de Puebla. Brochure in-8 .... 1 »

Projet de solution de la question romaine, par l'abbé MICHON .... 1 »

Où conduit l'Expédition du Mexique? par un ex-député. Brochure in 8 .... 1 »

Question italienne. — Discours prononcé par S. Exc. M. BILLAULT, ministre sans portefeuille. (Extrait du *Moniteur*). Brochure grand in-8 .... 1 »

Question mexicaine. — Enquête et Sentence judiciaire, sur la plainte de M. de Saligny, ministre de France au Mexique. Brochure grand in-8..... 1 »

Que demande la Pologne. Brochure grand in-8 .... 1 »

La Reconnaissance du Sud, par A. GRANDGUILLOT. Brochure grand in-8.. 1 »

Réponse à M. Guizot. Brochure grand in-8 .... 1 »

Rome et la Méditerranée, par ALEXANDRE BONNEAU. Brochure grand in-8..... 1 »

Rome et les Concessions, par M. DE LAROCHEFOUCAULD, duc de Doudeauville. 1 »

Rome et les Évêques de France. Broch. gr. in-8 .... 1 »

Rome et le Pape, par M. LAURENTIE. Brochure grand in-8 .... 1 »

Rome et le Vatican. Brochure grand in-8 .... 1 »

La Russie sous Alexandre II. — Lettre à la *Revue des Deux-Mondes*, par ALEXANDRE JOMINI. Brochure grand in-8 .... 1 »

La Situation financière en 1863, par M. CASIMIR PERIER. Broch. grand in-8.. 1 »

Solutions possibles de la Question Polonaise, par Édouard KURZWEIL. In-8. 1 »

Le Soulèvement de la Pologne, par MAURICE HERMANN. In-8 .... 1 »

Théorie de l'Impôt de M. Proudhon, par PROSPER BOIXÉ, Brochure gr. in-8.. 1 »

Tout Chemin mène à Rome. — Pesth, Varsovie, Rome. Brochure in-8° .... 1 »

Le Tocsin de la Pologne. Brochure grand In-8 .... 1 »

Les Tuileries et le Vatican. Brochure grand in-8 .... 1 »

Si j'étais Pape. Solution et conclusion, par J.-M. CAYLA. Broch. gr. in-8... 1 »

Les Turcs et la Civilisation, par ALEXANDRE BONNEAU. Brochure grand in-8.. 1 »

Une Révolution à faire. Lettre à M. Gladstone, chancelier de l'Échiquier, par Adrien DE BRIMONT. Brochure grand in-8 .... 1 »

L'Unité de l'Italie est-elle un danger pour la France? par M. le marquis DE LA ROCHEJAQUELEIN. Brochure grand in-8 .... 1 50

L'Unité Italienne, par M. le comte DU HAMEL, député au Corps législatif, directeur politique de l'*Écho de la Presse*. Brochure grand in-8 .... 1 »

La Vérité sur les États confédérés d'Amérique, par EDWIN DE LEON, ex-agent diplomatique et consul-général des États-Unis pour l'Égypte et ses dépendances. Brochure grand in-8 .... 1 »

www.ingramcontent.com/pod-product-compliance
Ingram Content Group UK Ltd.
Pitfield, Milton Keynes, MK11 3LW, UK
UKHW012111240726
13965UKWH00004B/1689